U0032650

未盡的才情

從《顧頡剛日記》看顧頡剛的內心世界

余英時文集

07

余英時 ————— 著

余英時文集編輯序言

聯經出版公司編輯部

　　余英時先生是當代最重要的中國史學者，也是對於華
人世界思想與文化影響深遠的知識人。

　　余先生一生著作無數，研究範圍縱橫三千年中國思想
與文化史，對中國史學研究有極為開創性的貢獻，作品每
每別開生面，引發廣泛的迴響與討論。除了學術論著外，

他更撰寫大量文章，針對當代政治、社會與文化議題發表
意見。

一九七六年九月，聯經出版了余先生的《歷史與思
想》，這是余先生在台灣出版的第一本著作，也開啟了余
先生與聯經此後深厚的關係。往後四十多年間，從《歷史
與思想》到他的最後一本學術專書《論天人之際》，余先
生在聯經一共出版了十二部作品。

余先生過世之後，聯經開始著手規劃「余英時文集」
出版事宜，將余先生過去在台灣尚未集結出版的文章，編
成十六種書目，再加上原本的十二部作品，總計共二十八
種，總字數超過四百五十萬字。這個數字展現了余先生旺
盛的創作力，從中也可看見余先生一生思想發展的軌跡，
以及他開闊的視野、精深的學問，與多面向的關懷。

文集中的書目分為四大類。第一類是余先生的**學術論
著**，除了過去在聯經出版的十二部作品外，此次新增兩冊
《中國歷史研究的反思》古代史篇與現代史篇，收錄了余
先生尚未集結出版之單篇論文，包括不同時期發表之中英
文文章，以及應邀為辛亥革命、戊戌變法、五四運動等重
要歷史議題撰寫的反思或訪談。《我的治學經驗》則是余
先生畢生讀書、治學的經驗談。

其次，則是余先生的**社會關懷**，包括他多年來撰寫的
時事評論（《時論集》），以及他擔任自由亞洲電台評論員
期間，對於華人世界政治局勢所做的評析（《政論集》）。

其中，他針對當代中國的政治及其領導人多有鍼砭，對於香港與台灣的情勢以及民主政治的未來，也提出其觀察與見解。

余先生除了是位知識淵博的學者，同時也是位溫暖而慷慨的友人和長者。文集中也反映余先生**生活交遊**的一面。如《書信選》與《詩存》呈現余先生與師長、友朋的魚雁往返、詩文唱和，從中既展現了他的人格本色，也可看出其思想脈絡。《序文集》是他應各方請託而完成的作品，《雜文集》則蒐羅不少余先生為同輩學人撰寫的追憶文章，也記錄他與文化和出版界的交往。

文集的另一重點，是收錄了余先生二十多歲，居住於**香港期間**的著作，包括六冊專書，以及發表於報章雜誌上的各類文章（《香港時代文集》）。這七冊文集的寫作年代集中於一九五〇年代前半，見證了一位自由主義者的青年時代，也是余先生一生澎湃思想的起點。

本次文集的編輯過程，獲得許多專家學者的協助，其中，中央研究院王汎森院士與中央警察大學李顯裕教授，分別提供手中蒐集的大量相關資料，為文集的成形奠定重要基礎。

最後，本次文集的出版，要特別感謝余夫人陳淑平女士的支持，她並慨然捐出余先生所有在聯經出版著作的版稅，委由聯經成立「余英時人文著作出版獎助基金」，用於獎助出版人文領域之學術論著，代表了余英時、陳淑平

夫婦期勉下一代學人的美意，也期待能夠延續余先生對於
人文學術研究的偉大貢獻。

目次

引言

　　《顧頡剛日記》始於1913年，終於1980年，全書約六百萬字，是一部內容極其豐富的原始史料。從1921年到1967年止，《日記》基本上是連續的，尤足珍貴。就我所讀到的近代學人日記而言，祇有《胡適日記全集》與《吳宓日記》正續兩編份量略與之相埒。我曾撰〈從《日記》看胡適的一生〉，作為《胡適日記全集》的序言，藉日記的材料，解答他一生各階段的若干疑點[1]。現在為《顧頡剛日記》寫序，我的重點稍有不同。反覆思考之後，我決定通過日記來窺測他的內心世界。

　　顧頡剛以倡導「古史辨」運動知名於世，他一生最重要的研究成績也集中在古代，上起夏、商、周，下至秦、漢。在我們一般印象中，他是一位典型「象牙塔」中學者，畢生與古籍為伍。這次讀《日記》，我才意外地發現：他的「事業心」竟

1　已收入《重尋胡適歷程》（台北：聯經，2004）。

在「求知慾」之上，而且從1930年代開始，他的生命型態也愈來愈接近一位事業取向的社會活動家，流轉於學、政、商三界。另一個更意外的發現是，與我過去的認識截然不同，他並不僅僅是一位謹厚寧靜的恂恂君子。在謹厚寧靜的後面，他還擁有激盪以至浪漫的情感。他對譚慕愚女士「纏綿悱惻」的愛情，前後綿延了半個世紀以上，從1924年初識到1978年題詩日記，讀來極為動人。更難得的是譚完全當得起他的「超群軼倫之材」的評語：1926年聞一多稱她為"Chinese Jeanne d'Arc"（「中國的聖女貞德」）；1958年她已被打成「右派」，但面對毛澤東的巨大威勢「仍強硬不服罪」。顧頡剛生命中這件大事，是我在讀《日記》前完全不知道的。這兩大意外的發現，使我感到必須深入他的內心世界，才能真正懂得他的志業、為學、與為人。不用說，1949年以後他走進了一個到處是荊棘的敵意世界，精神上一直掙扎在極度痛苦之中，始終擺脫不掉「被征服者」的屈辱感。這些內心的活動也必須通過對日記作字裡行間的細密解讀才能呈現出來。

這篇序言共分五節；第一節論他的事業心及其與傅斯年的關係，這是他的主要志業與中心關懷。第二節論他與胡適的關係，這是他的學術生命的始點。「古史辨」運動導源於胡適《中國哲學史大綱》所展示的史學革命新典範，但是他又有超越胡適典範的學問境界，以王國維之精新兼備為最後歸宿。其中種

種錯綜複雜的互動是值得探索一番的。第三節論顧頡剛與國民黨的關係，旨在說明他為了種種事業之故，不得不向政界尋求支援的苦心。在同一節中，他在抗戰勝利前後的政治立場和政治理念也通過日記而予以澄清。第四節凸顯他1949至1980的獨特生活境遇。這一時期中國大陸上的知識人本都是「同命鳥」，但大同之中仍有小異，每一個人的具體遭遇還是個別的。大同的部分本節概不涉及，祇有他個人「小異」的部分才值得探究。最後一節專論他和譚慕愚的一段情緣，貫穿了全部日記，上起1924，下迄1979。由於兩人交往散布在數十年之中，非聚攏在一處，便不能見其全貌。現代傳記未有不重視傳主的情感生活者。這不是發人陰私，而是因為非在這一方面有所深入，便不能把一個活生生的人如實地呈現出來。

　　以上五節大致概括了顧頡剛一生活動的主要範疇。但這篇序言並非傳記，不過把《日記》中最主要的傳記材料提煉組織起來，供未來傳記作者的參考而已。

一、事業心與傅斯年

通讀《顧頡剛日記》，我第一次認識到顧先生平生志業的另一面。讓我先引一段他自己的話：

> 許多人都稱我為純粹學者，而不知我事業心之強烈更在求知欲之上。我一切所作所為，他人所毀所譽，必用事業心說明之，乃可以見其真相。（1942年5月31日條末）

如果不是讀到這一段話，我也和許多人一樣，把他看作一個「純粹學者」。這一段話引起了我的思考，想瞭解他為什麼不甘心僅僅以「純粹學者」為滿足？思考的結果，我認為以下三層背景是最值得指出的：第一、他是「五四」新文化運動的參與者，從傳統的士大夫向現代知識人過渡。儘管這一過渡並不徹底，但至少在顯意識的層面，他希望把學術研究所取得的新知識推

廣到全社會，發揮一種啓蒙的作用。所以1929年3月13日在浙江
大學餐後演講，他的題目是「怎樣喚起第二次新文化運動」。
很顯然的，他認爲第一次新文化運動並未能深入民間[2]。第二，
民族危機，特別是日本侵略，爲他的文化事業提供了極重要的
發展契機。最明顯的例子是通俗讀物編刊社(1933)和《禹貢》
半月刊(1934)都是「九一八」(1931)以後創立的。通俗社是在
燕京大學教職員、學生抗日會徵求民眾讀物的基礎上發展起來
的，後來才由顧先生接手經營。《禹貢》的〈發刊詞〉說：

> 這數十年中，我們受帝國主義者的壓迫眞受夠了，因
> 此，民族意識激發得非常高。……民族與地理是不可
> 分割的兩件事，我們的地理學既不發達，民族史的研
> 究怎樣可以取得根據呢？不必說別的，試看我們的東
> 鄰蓄意侵略我們，造了「本部」一名來稱呼我們的十
> 八省，暗示我們邊陲之地不是原有的；我們這群傻子
> 居然承受了他們的麻醉，任何地理教科書上都這樣地
> 叫起來了。這不是我們的恥辱？[3]

---

2 見顧潮，《顧頡剛年譜》(北京：中國社會科學出版社，1993)，頁171。
3 引自同上，頁217。

第三層背景則是個人的,即他與傅斯年在學術上的分歧和爭衡。這一問題相當複雜,留待本節下半段作較深入的分析,這裡暫且不說。

但是我必須鄭重指出,他的事業心的根基仍在學術,不過他一方面認定學術不能限於少數人的專門絕業,祇有普及到廣大的社會以後才算是盡了它的功能;另一方面,他則堅持普及化的知識必須以最嚴肅的學術研究為其源頭活水。這正是他為什麼要將「國故整理」列為他的「事業」的第一項,接著才是「民眾教育」和「邊疆開發」[4]。所以他的事業都是從學術領域中延伸出來的文化事業。他並沒有任何政治野心,也未嘗企圖發展政治或社會勢力。不過由於文化事業的緣故,他培養了不少學術界的後起之秀,因此在學術界,特別是史學界,他的追隨者也愈來愈多。

他的事業心在抗日戰爭期間表現得更為熾熱。從1939年在成都創辦齊魯大學國學研究所,1941年到重慶主持邊疆語文編譯會和主編《文史雜誌》,到1943年與商人合辦大中國圖書公司,雖都是與人合作,但無一不與他自己的學術文化事業息息相關。1943年4月30日的日記說:

---

4 見《顧頡剛年譜》,頁333。

予入世二十餘年，雖因名招敵，事業著著失敗，而聲
譽日起，朋侶日多，已立於領導之地位。思致此地位
不易，有此地位而不為國家作事，未免可惜。然學界
爭名太甚，予雖不與人爭，而人則必不肯放過我，政
界中又爭權太亟，混飯則可，盡心竭力以從事於一業則
為人所不許。邇來擺脫中央大學及組織部職務，復我自
由之身，而各書肆多見拉攏。抗戰以來，得書不易，偶
有新著便得傾銷，予有此人望，有此同人，正可抓住機
會，在出版事業上貢獻心力，作有計劃、有系統之進行，
而招致同人分工合作，使中國史學得上軌道。

在詳列種種以史學為中心的學術計劃之後，他很感慨地說：

予年已五十矣，倘能好好工作二十年，此計劃必可實
現，予亦可以無愧此生矣。茲唯一希望者，即資本家
能與予合作也。

在這一段話中，他的事業抱負呈露得十分清楚。為了事業，他
輾轉奮鬥於學界、政界和商界之中。

他的事業心之所以在1940年代變得特別強烈，除了一般的
背景外，還有另一層原因，由他的朋友賀昌群向他指點了出來：

> 卅二(一九四三)、八、十三,與昌群談話。渠謂予古
> 史工作已告一段落,蓋前此為運動時期,予盡瘁於此,
> 業已取得公眾之承認。現在運動時期已過,予可以卸
> 此責任,此後則為他人專精之研究矣。一個人在學問
> 上祇能做一樁事,予在學術界有此一事可謂盡職。至
> 於此後歲月,渠以為宜致力於事業,蓋予有氣魄,能
> 作領導也。惟予之弊在於開端時規模太大,以致根柢
> 不能充實。此後當結集一幹部,逐漸擴張,而予僅任
> 指導工作,一切活動由他人為之,庶乎可久可大。渠
> 意為予所贊同,爰記於此,以供他年之省察。

他既完全認可了賀的分析,上引之語即可看作是他的自我評
價。兩個月後他又加上了一段跋語:

> 卅二、十、十二,與(陶)希聖談,彼謂每人均有一開
> 花之時期,此時精神充沛,發表力特強,一過此期則
> 思想及發表力均漸即於乾涸。此話不錯,我在民國十
> 年至廿五年一段時間,即我之開花期,今則炯華已謝,
> 惟望能結果而已。(見1943年8月31日條末)

可見他在1943年即認定自己在古史方面已盡了開創性的功能,

以後主要是領導繼起者作精深的專題研究了。這個領導地位的信心是有根據的。這一年的3月教育部召開中國史學會，理事選舉，他「得票最多，頻作主席」，使他感到自己確已成爲史學界的領袖人物（1943年3月31日條）。

顧先生在史學界之所以有此眾望所歸的成就，是和他不遺餘力地提攜後進分不開的。從1927年4月任教廣州中山大學開始，他的身邊便常常圍繞著一群青年人；1929到1937他在燕京大學國學研究所執教，由於社會事業愈來愈多，依附的人更是極一時之盛。1938年8月5日他在南京回顧這八年的情況，說：

> 余以愛才，為青年所附集，能成事在此，而敗事亦在此。蓋大多數之青年為衣食計，就余謀出路，使余不得不與各方交接，旁人不知，以為我有意造自己勢力，於是「顧老闆」、「顧大師」之綽號紛然起矣。又有一般青年，自己有所圖謀，無如未得社會之信仰，力不足以號召，謀推戴余，為彼等之傀儡，成則彼得其利，敗則我受其禍，於是「顧頡剛左傾」，「顧頡剛為共黨包圍」之傳說宣揚於道路間矣。（見《日記》1937年7月31日條末；參閱1948年11月30日條末）

他「愛才」是絕對真實的，早已有口皆碑。更難得的是他

對追隨他的青年居然有如此清醒的認識。但是他雖然無意「造勢力」，卻因事業之故，不能不培養一批得力的助手。前引1943年4月30日所記關於「招致同人分工合作」以及賀昌群所說「結集幹部」云云，即指「附集」他的青年而言。早在1934年，他的學生牟潤孫便已在背後罵他「野心太大，想做學閥，是一政客。」他聽到這種評語後，感慨地說：

> 噫！看我太淺者謂我是書呆，看我過深者謂我是政客。
> 某蓋處於材不材之間，似是而非也。（《日記》1934年
> 4月26日條）

他引莊子語自解，其實即是承認他的「事業心」不在作「純粹學者」之下。1943年重慶中央大學的胡煥庸也說他是「學閥」，他的反應是：

> 甚望胡君所言不虛，使我真能成學術界之重鎮也。（《日記》1943年4月26日條）

通常「學閥」兩字含有在學術界爭「霸權」且排斥異己的意思。顧先生並沒有這種傾向。他心中的「學閥」，換一種語言來表達，是在學術界能號召「群眾」並擁有「群眾」的領袖。

關於這一問題，他晚年有一段自我檢討，解釋得比較透澈：

> 我自以為愛惜人才……。幾十年來，我所往來的及友
> 好的人，都是滿腦子的反動思想，我自己本已反動，
> 加上這班朋友，日夕薰染，就更反動了。我在這一群
> 裡，就成一個頭子，我常常覺得手下有一群人，可以
> 利用他們來幫助我成就事業，或讀書治學做我的接班
> 人。所以我到處有徒黨，雖沒有組織，但可以號召。(《日
> 記》—1969年12月31日條末。)

撇開「反動」之類的字眼不說，他希望號召友生，在史學
領域中獨樹一幟的心理，在這裡已和盤托出了。他對「學閥」
的稱號並不十分反感。但嚴格地說，他所追求的不是權力
（power）顯赫的「學閥」，而是具有廣泛影響力（influence）的「學
術界之重鎮」。

大體言之，從抗戰開始，在顛沛流離的生活中，他的事業
心漸漸超過了古史研究的專業心。1941年8月初到齊魯大學國學
研究所進修的嚴耕望便注意到：「顧先生……喜歡興辦學術事
業，客人也多，一天忙到晚。」[5] 這是最可信的旁證，清楚地點

---

5 見嚴耕望，《錢賓四先生與我》（台北：台灣商務，1992），頁53。

出了這一重大轉變的時刻。

顧先生獨樹一幟的強烈願望與傅斯年(孟真)最直接相關。從《日記》上看,我們可以說:傅的影響籠罩了他的一生,一直到晚年都揮之不去。他和傅從北京大學預科起,便是志同道合的莫逆之交,後來又同時成為胡適門下的兩大弟子。但不幸1927年在廣州中山大學共事之後,他們之間的關係不僅破裂了,而且從此轉變至敵對的地位;顧先生的獨樹一幟主要便是與傅互爭雄長。1944年4月18日他在《日記》中說:「孟真真是我的政敵。」其實「政敵」一詞不妥,應該說是「學敵」,因為他們的衝突根本是在學術界,與政治不相干。

《日記》1928年4月29日條記:

> 與元胎(按:容肇祖)到孟真處,論研究所事,與孟真口角。
>
> 予之性情有極矛盾者,極怕辦事,而又極肯辦事。孟真不願我不辦事,又不願我太管事,故意見遂相左,今晚遂至破口大罵。賴金甫(按:楊振聲)、元胎解勸而止。

這是顧、傅公開破裂的一天,上距顧先生來廣州整整一年了。這一年之中,兩人的分歧大概愈來愈深,至此終於爆發了出來。

但是更值得重視的是他在1973年7月所寫的「記本月二十九日晚事」，文長七百字。前半段三百字敘兩人早年交情，略去不引，下面是關於破裂的解說：

一九二七年，予自北大至廈大，而彼歸國後往至廣州，入中山大學，任文學院長。以其縱橫捭闔之才，韓潮蘇海之口，有所憑藉，遽成一校領袖，雖魯迅不能勝也。予既與同事，甚願其重辦《新潮》，為青年引導，而彼曾不措意。自蔡元培先生任中央研究院長，以傅與我及楊振聲三人，籌備「歷史語言研究所」，我三人即在粵商量籌辦事宜。楊好文學，對此不加可否，而我與孟真胸中皆有一幅藍圖在。傅在歐久，甚欲步法國漢學之後塵，且與之角勝，故其旨在提高。我意不同，以為欲與人爭勝，非一二人獨特之鑽研所可為功，必先培育一批班子，積疊無數資料而加以整理，然後此一二人者方有所憑藉，以一日抵十日之用，故首須注意普及。普及者，非將學術淺化也，乃以作提高之基礎也。此意本極顯明，而孟真乃以家長作風凌我，復疑我欲培養一班青年以奪其所長之權。予性本倔強，不能受其壓服，於是遂與彼破口，十五年之交誼臻於破滅。予因函蔡先生，乞聘我為通信研究員，

從此不預史語所事。然自此孟真之政治欲日益發展，
玩弄所識之貴官達人，操縱各文化機關事，知之者皆
以「曹大丞相」稱之，謂其善挾天子以令諸侯也。蔣
政權退出大陸，渠亦以戰犯名逃台灣，越年而死。思
至此，殊自幸我之不就範於彼也。

此文將他們兩人在學術上的分歧歸結為「提高」與「普及」
之異，大致是可信的。傅先生延攬青年研究人才一向採取所謂
「拔尖主義」，而顧先生則太丘道廣，幾乎來者不拒，可為明
證。但他們之所以不能共事，分析到最後，還是由於兩人都有
領導學術的構想和抱負，而且持之甚堅。關於這一點，顧先生
在1929年8月20日致胡適的長信中，說得很清楚：

我和孟真，本是好友，但我們倆實在不能在同一機關
作事，為的是我們倆的性質太相同了：(1)自信力太
強，各人有各人的主張而又不肯放棄；(2)急躁到極
度，不能容忍。又有不同的性質亦是相拂戾的，是我
辦事太歡喜有軌道，什麼事都歡喜畫了表格來辦；而
孟真則言不必信，行不必果，太無軌道。又我的責功
之心甚強，要使辦事的人都有一藝之長，都能夠一天
一天的加功下去而成就一件事業。孟真則但責人服

從，愛才之心沒有使令之心強，所以在用人方面，兩
人的意見便時相牴觸。

今年春間，燕京大學來書見聘，謂在美國已捐得大批
基金，開辦中國學院，邀我去作研究。我覺得這是很
合我宿志的，我一定要把所有的時間供我從容的研
究，才可使我心安理得地過生活，所以便答應了。告
給孟真，孟真大反對，罵我忘恩負義。我說，「只要
你供給我同樣的境遇，我是可以不去的。」恰好那時
中央研究院寫聘書來，我就受了，把燕京辭了。但是
孟真對於我的裂痕已無法彌縫，差不多看我似叛黨似
的。我決不願把身子賣給任何人。我決不能為了同黨
的緣故而把自己的前程犧牲了[6]。

　　這是一封向師門訴冤的信，所以把他和傅之所以凶終隙末
的細節都交代出來了。引文前一段顯示他們兩人都具有極堅強
的性格，互不相讓，即所謂「一山難容二虎」；下半段則透露
傅確有意將顧收入自己的系統之內，即廣州中山大學和即將成
立的中央研究院史語所，而且不許他叛離。此信在後面還引了

---

6 收在梁錫華選注，《胡適秘藏書信選續篇》（台北：遠景，1982），頁
609-610。

一句話：

> 孟真曾說：「你若脫離中大，我便到處毀壞你，使得
> 你無處去。」[7]

這當然是老朋友爭吵中的一句情緒語言，未可認真，但傅的霸
道也可由此語窺見其一斑。

傅斯年是學術界著名的「霸才」，他「以家長作風」欺凌
顧先生大概是事實。1929年5月8日的《日記》說：

> 孟真盛氣相凌，我無所求於彼，將謂可用架子壓倒我
> 耶！其為人如此，一二年中必見其敗矣。書此待驗。

更有趣的是1973年7月他又加了一條跋語云：

> 此預言並未驗，孟真縱橫捭闔，在舊社會中固可立於
> 不敗之地者。到全國解放，他方逃出大陸，死在台灣，
> 此則真敗耳。

---

7 梁錫華選注，《胡適秘藏書信選續篇》，頁612。

可知傅確是要征服他以爲己用，卻未曾想到嚴重地損傷了老朋友的尊嚴，不但不肯「就範」，而且激起了獨樹一幟的雄心。但1930年代以後，由於傅的憑藉深厚，顧先生在事業上畢竟落在下風。1940年代他之投入國民黨的文化活動，也是爲了與傅爭鋒（見第三節），最後也事與願違。這使他一直耿耿於懷，以致到老不忘。1973年的兩篇跋文竟至一再引「戰犯」、「逃台灣而死」，大有快意恩仇的滋味，這不能不使人深感「怨毒之於人甚矣哉！」1950年12月傅斯年死後，胡適給傅夫人俞大綵的悼函中說：

> 頡剛也定有紀念他的文字[8]。

胡先生雖不瞭解當時大陸文字刊布的情況，但對於顧先生的認識畢竟還是相當真切的。《日記》1951年1月1日條果然寫了下面一段話：

> 聞傅孟眞於半月前在台灣逝世。此人一代梟雄，極能縱橫馳驟，竟未能有所成就，可惜也。孟眞久病血壓高，到美國療之，稍癒。然醫言不能過十稔，安知竟

---

8 見《胡適全集》（合肥：安徽教育出版社），第25冊，頁456。

不及五年乎！壽五十有五。

其詞雖若有憾焉，但「可惜也」三個字畢竟流露出老同學、老朋友的真實感情。

最後，我要指出，顧、傅兩先生在學術事業方面雖然競爭得很激烈，但在學術成就上仍然是彼此尊重的。讓我們先看看傅對顧的推崇。1962年4月9日顧和老朋友辛樹幟在北京中山公園有一段很長的談話，主要是討論顧和傅的關係。顧記道：

> 談到以前之事，予云：「我不能受氣，故傅斯年欲壓迫我，我即離中央研究院而至燕大。」樹幟云：「當我在德留學時，與傅常見面，彼極口稱道你。故我雖未認識你，即已心儀。其後你和孟眞鬧翻，我常勸孟眞⋯⋯他回答我的是『頡剛使我太下不去。』」

談話中涉及羅常培常在傅處說顧的壞話，終使兩人凶終隙末，因與此處論點無關，略去不引。從辛的話中，我們顯然可以看出，辛對兩人「鬧翻」是很引為遺憾的，但傅在回國前對顧「極口稱道」，則確是事實。辛的話完全證實了傅〈與顧頡剛論古史書〉那篇長文所言，句句都出自肺腑。〈書〉中有下面一段話，值得引述：

去年春和志希（按：羅家倫）、（姚）從吾諸位談，他們
都是研究史學的。「頡剛是在史學上稱王了，恰被他
把這個寶貝弄到手；你們無論再弄到什麼寶貝，然而
以他所據的地位在中央的原故，終不能不臣於他。我
以不弄史學而幸免此危，究不失為『光武之故人也』。
幾年不見頡剛，不料成就到這麼大！這事原是在別人
而不在我的頡剛的話，我或者不免生點嫉妒的意思，
吹毛求疵，硬去找爭執的地方；但早晚也是非拜倒不
可的。」
頡剛，我稱讚你夠了麼！請你不要以我這話是朋友的
感情；此間熟人讀你文的，幾乎都是這意見[9]。

　　傅文從1924年1月寫起，一直到1926年10月30日船到香港為
止，可見這三年之內他對顧的《古史辨》是十分心折的。以上
是早年的事，但即在兩人中年分裂之後，傅的態度依然未變。
例如1940年他在昆明龍泉鎮用朱筆批讀《史記》，其中一條說：

　　顧頡剛云：黃帝所至，即子長所至（見〈贊〉）。蓋子

9　收在《傅斯年全集》（台北：聯經，1980），第四冊，頁457-8。

> 長仍以自己所聞之傳說為斷也 [10]。

可知他繼續在肯定古史「層累地造成」說。1943年《日記》有一條記傅對他的忠告，尤值得注意：

> 晤徐蔚南，渠今年自上海來，為言《古史辨》在上海大出鋒頭。……然在重慶空氣中，則以疑古為戒，我竟不能在此發表意見。孟真且疑我變節，謂我曰：「君在學業上自有千秋，何必屈服！」然我何嘗屈服，只是一時不說話耳。嘗謂今日時代係五四時代之反動，他日必將有對今日之反動，彼時又可大張旗鼓矣。此後雖不發表，仍當繼續工作，至能發表時而揭開，深信必可以解世人之惑，釋老友之疑也。(見《日記》1943年10月30日條)

所引傅語最可見他對《古史辨》的重視，唯恐顧在政治壓力下自棄所守。這是「老友」發自內心的愛護之言，因此顧也似受到感動，而有這一段自我表白的文字。也幸而有此自白，後人才知道顧先生並沒有放棄早年「古史辨」的立場。當時在抗戰

---

10 周法高輯，〈手批《史記》全文〉，《傅斯年全集》，第四冊，頁327。

期間，民族主義的激情高漲，而國民黨又一向在文化上取保守
立場，要把孫中山繼承堯、舜以下的「道統」，顧先生便祗好
隱忍不言了。嚴格言之，「古史辨」的中心論旨其實即是以最
嚴格的方法審查史料構成的時代，這是史學的始點並且獨立於
任何史觀之外。蘭克(Leopold van Ranke, 1795-1886)說：

> 在我們把一種作品加以歷史的使用之前，我們有時必
> 須研究這個作品本身，相對於文本中的真實而言，到
> 底有幾分可靠性[11]。

傅斯年服膺蘭克的史學，自然對顧先生「古史辨」的成就十分
珍惜。理由很簡單：「作品」經過研究而發現是「不可靠」的，
它當然便不能加以「歷史的使用」，而「文本中的真實」也就
根本被摧毀了。這正是「古史辨」從「辨偽」到「疑古」的基
本運作程序。但抗戰時期的重慶確有顧先生所說「五四時代之
反動」的傾向，上面已提到了。在當時氣氛之下，「疑古」是
會犯眾怒的。今天大陸上一部分有勢力的史學界似乎又在倡導
「信古」，反對「疑古」，因此「古史辨」也少有問津者。以

11　見Leonard Krieger, *Ranke, the Meaning of History*(University of Chicago Press, 1977), p. 6.

今度昔,我們便不難理解爲什麼顧、傅兩位「五四」健將會發生那樣強烈的反響了。無論如何,傅對顧的推重並不因私交破裂而改易,其案可定。

至於顧對傅的古史研究如何評價,則由於我所見到的資料有限,暫時不能輕下斷言。傅先生最早刊布的論文如〈大東小東說〉(1930),其中曾引「吾友顧頡剛先生」之說,可能在起草時便和顧商討過[12]。稍後的名篇〈夷夏東西說〉(1933),在考古界影響很大。顧似乎認爲這種過於簡化的二分法未必可從,但他顯然認真地讀過此文[13]。最後我在他的《日記》中找到下面的材料:1970年4月28日記:

> 看《性命古訓辨證》。

接著5月4日、8日都在續看此書,至11日「看《古訓辨證》畢。」這是傅先生唯一的一部專著,1940年出版後很引起學術界的重視。陳垣在這一年8月14日給長子樂素信中說:

> 即接孟眞先生撰《性命古訓辯證》一部二冊,内多新

---

12 見《傅斯年全集》,第三冊,頁22,註5。
13 顧潮,《顧頡剛年譜》,1953年5月5日條引他給楊向奎的信,頁350。

材料，新解釋，不可不一讀[14]。

隔了兩天又補一信(8月16日)曰：

> 余閱《性命古訓辨證》，深知余已落伍，未知他人覺
> 得如何耳[15]。

顧先生當時或許也曾收到過贈本，1951年9月7日已有看此書的
記載。但1970年是在文革期間，他居然敢再次細讀「戰犯」的
舊作，至少證明了他「不以人廢言」的嚴肅態度。

　　顧、傅分裂是顧先生學術生命史上一件大事。1929年以後
他在學術普及的事業上投入大量的心力與此事有很大的關係；
他顯然是想在中央研究院歷史語言研究所之外，別樹一幟。他
們兩人的友誼破裂雖不免令人惋惜，但分途發展的結果使中國
現代史學呈現出一種多采多姿的面貌，則是必須加以肯定的。
在二十世紀上半葉中，學術界存在著多元互競的空間，這是一
個無可否認的客觀事實。

　　傅、顧之間的分合與胡適有很深的關係，下文續有討論。

14　見陳智超編，《陳垣來往書信集》(上海古籍出版社，1990)，頁661。
15　同上，頁662。

二、顧頡剛與胡適

　　現在我要進一步討論他和胡適的關係，因為這更是決定他一生命運的最大關鍵。他在《古史辨》第一冊的〈自序〉中早已指出：他早年出入經學今古文兩派的門戶，特別是受到章炳麟的影響，走上了為學問而學問的道路，發憤整理國學。但摸索多年，他提出了不少問題，卻找不到解決問題的門徑。直到他在1917年旁聽胡適的中國哲學史課程，才耳目為之一新，他對傅斯年說：

> 胡先生講得的確不差，他有眼光，有膽量，有斷制，確是一個有能力的歷史家。他的議論處處合於我的理性，都是我想說而不知怎樣說纔好的[16]。

---

16 見《古史辨》（海南出版社，2005），第一冊，頁20。

很顯然的，胡適在課堂上所講的經、子文本正是他多年來反覆
探究的東西，十分熟悉，但是還沒有找出條理系統來統御這一
大堆龐雜的材料。胡適所提供的恰恰是這種條理系統，所以一
經點出，使他頓有豁然貫通之感。後來他又讀了胡適有關《水
滸傳》和井田制度怎樣演變而成的考證，掌握了歷史的方法。
他的《古史辨》便是在這一新「典範」(paradigm)的啟示下展開
的。〈自序〉本是一篇很真實的供證，無可駁斥。但是1955年3
月5日在北京中國科學院召開的「胡適思想批判歷史組會」上，
他卻不得不極力否認胡適的「典範」對他的深刻影響。他在這
一天的《日記》中說：

> 近來批判胡適歷史學、考據學的文字中，常常牽到我
> 的《古史辨》，因此，我在今天會上說個明白。蓋予
> 在未遇胡適之前已走到懷疑古史的道路上，及受到他
> 的影響，只有演變一點，然此一點清代考據學者如崔
> 述亦已看到。其後我跟著錢玄同，走向漢代今古文學
> 的問題上，又整理文籍，與胡適無干。《古史辨》第
> 一冊固有胡適氣息，至第三冊以下則且成彼攻擊之目
> 標矣。胡適在古史上的議論，如井田制度不存在、屈
> 原無其人、〈盤庚〉篇是假古董，我均未接受。他的
> 觀象制器說，老子在孔子前說，均為我所駁，他對古

史實毫無貢獻。至於〈釋儒〉（按：〈說儒〉之誤），
直是造謠耳。予老老實實研究學問，雖不能把握馬列
主義，究與胡適不同，而一般人乃比而同之，是予所
不願受也。

胡對他的影響原在整體取向和方法，不在某些具體問題的看
法，他的辯解是沒有說服力的。但這些話顯然祇是一時的遁詞，
因為他所承受的壓力太大了。1951年12月2日他第一次被迫參加
「大公報」舉辦的「胡適批判座談會」，《日記》寫道：

前昨兩日所寫，昨晚給同桌人看，說分量不夠。今日
給丹楓看，說我講胡適以前有進步作用，固是事實，
但不能講。因勸予不必用書面方式，為代擬一綱要。
蓋至於今日而真話說不得矣。……今日會上，和胡適
有關係者只我一人。此會當是北京方面命開者，而我
則為其提名，不容不到，故連日有電話來催迫。

胡適當時在紐約讀過這篇談話〈從我自己看胡適〉，並剪貼在
《日記》中，他似乎毫不介意，祇說：

頡剛說的是很老實的自白。他指出我批評他的兩點

（〈繫辭〉的制器尚象説，《老子》出於戰國末年説），
也是他真心不高興的兩點[17]。

胡適大概也斷定這是被逼表態，但是如果得不到顧的《日記》
作對照，後世畢竟無法知道他為什麼非要參加這個座談會不
可。所以1949年以後《日記》中關於胡適的公開評論都有「辨
偽」的必要，未可輕信。最可注意的是，《日記》對傅斯年（見
前）、朱家驊之死（1963年1月9日條）都有記述，唯獨1962年2月
24日胡適去世，竟未著一字。1962年3月10日條云：

> （熊）佛西告予，任叔永先生鴻雋於去年逝世，年七十
> 三。任先生為首創科學社者，提倡學術甚有功，而北
> 京報上竟一字未載，太冷淡矣。

任、胡是至交，此記適在胡死後十幾天，是不是有感而發，就
很難說了。

但他晚年屢次強調兩個意思，值得作一點檢視：第一、他
在學問上最崇拜的是王國維而不是胡適；第二、主要由於傅斯
年的介入，1926年以後胡適便逐漸和他疏遠了。這兩點都有相

17　《胡適日記全集》，1952年1月5日條，第八冊，頁675。

當的事實根據,與批胡表態未可視爲一例。

　　我最早看到他表示一瓣心香在王而不在胡,是他1979年口述而又親自修改過的舊文章──〈我是怎樣編寫《古史辨》的?〉(上)[18]。這篇文字口述始於3月16日,最後改定在4月19日,而此時思想空氣已比較寬鬆,所以我相信他說的是由衷之言。以下是《日記》中的兩條資料,1923年3月6日條:

> 夢王靜安先生與我相好甚,攜手而行,同至蔣企輩家。企輩之母談及我祖母臨終時情形,不禁大哭而醒。嗚呼,祖母邈矣,去年此日固猶在也!我如何自致力於學問,使王靜安先生果能與我攜手耶!

1924年3月31日條:

> 予近年之夢,以祖母死及與靜安先生遊為最多。祖母死為我生平最悲痛的事情,靜安先生則為我學問上最佩服之人也,今夜又夢與靜安先生同座吃飯,因識於此。

　　顧先生是一位至性至情的人,情感到了最濃烈的時候,往

18　見《中國哲學》第二輯(1980年3月)。

往夢見其人，無論是愛是憎，無不如此。我們讀他的《日記》，
必不可放過他的夢。（下面還有機會談到這一特性，暫不多說。）
可知他在學問上極端崇拜王國維是千真萬確的。但第二條記載
之後，他在1970年加了一跋語：

> 看此段文字，知我那時引為學術上之導師的，是王國
> 維，不是胡適。而數十年來，人多詆我為「胡適門徒」，
> 則以《胡適文存》銷行之廣，決非《觀堂集林》可比
> 也。胡適利用我能為彼搜集資料，以此捧我，又給我
> 以生活費，使我甘心為他使用，與朱家驊之百般接近
> 我，以金錢為餌，同為政治手段。此種手段，只能買
> 我一時，決不能買我永久。至於我之心儀王國維，則
> 是我一生的不變看法。我之成績不及彼，則是時代的
> 動蕩所構成，非（下缺）⋯。

這一跋語絕非「批胡表態」，確實代表了他當時想法。這是因
為他的政治立場和觀點已徹底改變了（見後）。但是這段話也必
須根據他在1949年以前的言行加以分析，然後其涵義始能顯現。
　　第一、所謂「數十年來，人多詆我為『胡適門徒』」，祇
能從1949年算起。在此之前，他寫信給胡適總是自署「學生」，
與傅斯年完全一樣；《日記》中凡提及胡適也一律稱「適之先

生」。這是他以「胡適門徒」自居,並非別人以此稱號相「詆」。

　　第二、他在學問上心儀王國維,這是毫無可疑的。但是他所羨慕的是王氏在學術上所取得重大創獲。至於王氏的思想傾向,則和他恰恰相反。所以在《古史辨・自序》中,他一方面承認1921年遍讀羅振玉、王國維的著作之後,眼界大開,而另一方面則明白宣稱,他「不滿意于他們的不能大膽辨偽」(頁28)。扼要言之,王氏的研究取向是根據新發現的甲骨、金文,重建可信的古史。他在重建過程中也必然涉及「辨偽」的一面,然而不是重點所在。顧先生的研究取向則是通過徹底而全面的「辨偽」以揭發古史虛構的一面。所以他又說:「我的現在的研究僅僅在破壞偽古史的系統上面致力罷了。」至於破壞後的建設工作,則等到將來再說(同上)。這正是王國維所反對的態度,王在《古史新證》第一章中說:

　　　　至於近世……疑古之過,乃併堯、舜、禹之人物而亦
　　　　疑之。其於懷疑之態度及批評之精神不無可取,然惜
　　　　於古史材料未嘗為充分之處理也[19]。

19　收在《古史辨》,第一冊,頁215。按:王氏1926年在〈致容庚〉書中
　　指名批評《古史辨》說:「今人勇於疑古,與昔人之勇於信古,其不
　　合論理正復相同,此弟所不敢贊同者也。」見《王國維全集・書信》(北
　　京:中華書局,1984),頁437。

　　《古史新證》是王氏1925年秋季在清華講授古史的講義，正是針對「古史辨」而發。如果顧先生當時在思想上也追隨王氏，那麼根本便不會有「古史辨」運動的出現了。

　　第三、1927年王國維自沉後，顧先生寫過一篇悼文，對他在學術上的貢獻自然推崇到無以復加的地步，但痛惜他因羅振玉的關係而作了清朝「遺老」，害怕「國民革命給他過不去」，「到頭來只有自居於反革命的地位而先伏其罪」[20]。他對王氏的複雜情感，竟和他在1949年對胡適的情感先後如出一轍。這年1月27日的《日記》說：

> 中共發表第二次戰犯名單，胡適之先生在焉。平日為國民黨排擊，今日乃殉國民黨之葬，太不值得。推原其故，蓋先生辦《努力周刊》、《現代評論》、《獨立評論》，一班朋友藉此多做了官，乃將之拖下水去，而先生則受人之捧，為人所利用也。捧之害人如此。

可知在最後分手之前，他對胡適仍然充滿著迴護之情。不過到了1970年代寫上引一條跋語時，由於受了幾十年「批胡」的折

20　見王德毅，《王國維年譜》（台北：台灣商務印書館，1967），頁375-7所引。

磨,他也許真的相信胡當年「捧」他祇不過是「利用」而已。
但他對王、胡的心理分析,假定兩人最後的人生選擇都是爲「朋
友」所誤;他似乎沒有考慮到這種選擇也許主要是由個人的價
值取向決定的。

　　通過以上的分析,可見上引跋語中的話——「我那時引爲
學術上之導師的是王國維,不是胡適。」——是絕對不能成立
的。爲什麼呢?因爲所謂「那時」(1924年)正是「古史辨」進
行得如火如荼的時候。他的徹底「辨僞」和「破壞僞古史系統」
明明是承胡適的思路而來,《古史辨》第一冊上編的文獻具在;
因此前引他在1955年3月5日「批胡」會上的發言,也不得不承
認這一冊「固有胡適氣息」。王國維在古史研究方面的重大突
破可以看作「古史辨」運動的一種背景,但斷然不是它的原動
力。事實上,他一方面接受了胡適的啓發而推動「古史辨」,
另一方面把王國維的造詣懸爲將來努力的榜樣,二者之間是可
以並行不悖的。胡適當時也是最推重王國維之一人。1925年王
國維去清華任教,顧曾向胡推薦(見《日記》1924年12月4日);
但這件事自始即出於胡的主動,並費了大力才獲得王的首肯,
陳寅恪〈挽詞〉:「魯連黃鷂績溪胡,獨爲神州惜大儒」,即
其確證[21]。

21　參看王德毅,《王國維年譜》,頁295引藍文微語。

　　總之，他早年自述受胡適的啓發和晚年強調奉王國維爲「導師」都是實話。這是「庶子春華」與「家丞秋實」之異，此中絕無矛盾可言。他中年以後，從事古史重建工作，心中確時時有王氏的楷模在。茲舉一例，以概其餘。《日記》1950年8月15日條：

> 重鈔〈司馬談作史考〉，並改定。……〈司馬談作史考〉一文，尚係去秋所草，一年以來頗有新得，昨今修改又易稿兩次。雖是一短文，而謹嚴精湛，可置於《觀堂集林》中而無愧。假使天與我讀書時間，容我作此類文百篇，則即使其他著作悉未有成，亦為傳人矣。

這是他師法王國維的鐵證，故後來收入《史林雜識》（1962年），題目改爲〈司馬談作史〉（頁226-233）。事實上他的書名即直接借自《觀堂集林》的「史林」之目（卷9至22）。大概是怕人攻擊他僭妄，所以《史林雜識・小引》中不敢點破。

　　在此我必須鄭重提醒讀者：顧先生治史學分前後兩期是他個人生命史上最應大筆特書的一大關節。「古史辨」爲前期，他爲文往往思如泉湧而「下筆不能自休」。這是受胡適「但開風氣不爲師」的影響，因此才能形成一種學術上的運動。後期

約始於1939年撰寫《浪口村隨筆》(《史林雜識》即其中一部分)。
他從絢爛歸於平淡,論學文字轉向「謹嚴精湛」,這確是以王
國維爲「導師」,早年的嚮往,至此開始實踐了。1939年7月2
日的《日記》說:

> 賓四《諸子繫年》作得非常精煉,民國以來戰國史之
> 第一部著作也。讀之羨甚,安得我亦有此一部書耶?

錢先生此書他當已早有贈本,此時細讀或與他治學轉向有關。
《諸子繫年》一書的「精煉」正是最使他心折之處,所以艷羨
不已,希望自己也可以寫出這樣一部書來。他對錢書的欽服雖
在1949年以後,仍是有增無減。1953年10月25日又記道:

> 從《先秦諸子繫年考辨》集材,未畢。……賓四《先
> 秦諸子繫年考辨》一書實甚精密,為不朽之作,雖有
> 許多主觀之見,無害其為大醇。

他對同輩學人著述,下「不朽之作」的評語,在《日記》中似
爲僅見之例。晚年《日記》中閱讀《諸子繫年》的記載仍屢見,
但不必一一引徵了。這都足以說明他後期的學問境界轉移到
「精」的上面,王國維的影響愈來愈大。

　　但即使在後期，他仍然沒有改變對胡適學術成就的肯定。
下面兩條材料最有代表性。1939年1月26日記：

> 看胡適之先生〈說儒〉畢。……先生〈說儒〉為近年
> 名作，顧前數年在平太忙，翻之而已，並未從頭看下。
> 今日乃得自始至終讀一下，覺其中說話一半可贊成。

　　胡適〈說儒〉的主旨是論證老子在孔子之前，反駁梁啓超
以來諸家對他的批評，顧先生即其中之一(詳後)。在細讀之後
仍覺得有一半可以贊成，這已是承認它包涵了不少可以成立的
論點。至於他不贊成的另一半當然是關於老在孔先的見解了。
1955年他在「批胡」會上斥〈說儒〉「直是造謠」顯然是違心
之言，他並沒有一筆抹殺此文的學術價值。1947年10月6日又記：

> 適之先生《中國哲學史大綱》上卷，予尚係三十年前
> 所讀。比來因病得閒，而靜秋室中適有是書，居然在
> 六日內讀訖。覺其澈骨聰明，依然追攀不上。想不到
> 古代哲學材料，二千年來未能建一系統者，乃貫穿於
> 一二十七、八歲之青年，非天才乎！

三十年前他聽「中國哲學史」的課時，他自己關於古代「哲學

材料」的知識已不在胡適之下，但是胡氏能在千頭萬緒的史料中整理出一個井然的系統、建立起一個歷史的架構，則是他所望塵莫及的。這是他自願成為「胡適門徒」的主要原因。三十年後，他在古代史料的全面掌握上已遠遠超過胡適了，然而重讀《中國哲學史大綱》之後，還是「覺其澈骨聰明，依然追攀不上」，而情不自禁地發出「非天才乎！」的讚歎。其實這正是因為《中國哲學史大綱》是新「典範」的開山之作[22]。顧先生在不少個別考證問題上雖然可以後來居上，但是他三十年間的古史研究基本上是在這個新「典範」指引之下展開的。重溫這部開山之作而生「依然追攀不上」之感，毋寧是很自然的。

綜覽顧先生一生的學術工作，最後我們還是不得不得承認，《古史辨》是他創造力發揮得最為淋漓盡致的時期。這也是他自己的評價，1944年9月22日，他在《日記》中寫道：

> 復看《古史辨》中諸文，皆予卅歲左右所作，才氣橫溢，一身是膽，今不如矣。

另一方面，胡適對《古史辨》的欣賞也始終如一。《胡適日記

---

22 參看余英時，〈《中國哲學史大綱》與史學革命〉，收在《重尋胡適歷程》（台北：聯經，2004；大陸版：桂林，廣西師範大學出版社，同年）。

全集》1932年1月22日條記：

> 夜讀頡剛的《古史辨》第三冊。此冊僅討論《周易》
> 與《詩》兩組問題，似較第一、二冊更有精采。（第六
> 冊，頁625）

前面引顧先生1955年在「批胡」會上說：「《古史辨》第
一冊固有胡適氣息，至第三冊以下則且成彼攻擊之目標矣。」
我曾指出這是巨大壓力下的「遁詞」，今得胡的日記為證，更
無可疑。總之，在《古史辨》階段，胡、顧兩人是相得益彰的：
沒有胡的「典範」的指引，《古史辨》大概不易形成震動一時
的學術運動；相反的，沒有七巨冊《古史辨》，胡的「典範」
也難免落空，更不能發生那麼深遠的影響了。顧先生在第二階
段轉奉王國維為楷模也是千真萬確的事實。然而他的創造力高
峰已過，加上時局動盪，《史林雜識》中的文字「可置於《觀
堂集林》而無愧」的畢竟有限。蓋棺論定，在二十世紀上半葉
的中國學術史上，顧先生的大名祇能繫屬在胡適而不是王國維
的譜系之下，是一個不易撼動的結論。

最後，讓我澄清一下胡、顧之間的關係由親轉疏的問題。
1926年9月5日胡適在巴黎與傅斯年重聚後，寫道：

> 這幾天與孟真談，雖感覺愉快，然未免同時感覺失望。
> 孟真頗頹放，遠不如頡剛之勤[23]。

這條日記的原稿本[24]在「頡剛之勤」之下以濃墨抹去一行，必是對傅的更嚴厲的評語。可知此時顧在胡心中的比重遠高於傅。1929年顧雖有長信向胡申訴他不能與傅共事，但胡對這件事似乎未加重視。無論在胡的日記或胡、傅往來函札中，都找不到一點痕跡。1950年傅死後，胡仍斷定「頡剛定有紀念他的文字」，說明他始終不知兩大弟子之間裂痕之深。1930年代初，他們三人同在北平，胡和傅的交往比顧更為頻繁，這在胡、顧兩部日記中都呈現得很清楚。這裡有兩層原因：第一是胡在北大主持文學院，傅是幕後決策人，歷史系更完全在他的控制之下。例如1931年3月18日顧先生致胡適信中說：

> 聞孟真有意請錢賓四先生入北大，想出先生吹噓。我已回過賓四，他也願意。我想，他如到北大，則我即可不來，因我所能教之功課他無不能教也[25]。

23　《胡適日記全集，第四冊，頁383。
24　見《胡適的日記》（台北：遠流影印本，1990）。
25　錢穆，《八十憶雙親、師友雜憶合刊》（《錢賓四先生全集》本，台北：聯經，1998），頁165「編者案」引。

可知聘錢先生雖出胡適動議，決定則在傅斯年。顧先生也許不願與傅共事，因此順便借機推托，辭北大之約（見後）。1934年2月25日胡適記：

> 與孟眞談北大文學院事[26]。

1935年5月2日他又記：

> 下午與孟眞談學校事[27]。

這兩條日記更可證傅當時雖專任中央研究院歷史語言研究所所長，在北大不過是兼任名義，但正如當時校長蔣夢麟所追憶的，校中「事無大小」他都參與其議[28]。所以胡、傅之間越來越接近，主要是因爲在北大合作的關係。

第二、胡適在1930年代的研究取向恰好與傅相合，而與顧相離。1920年代胡、顧水乳交融而有「古史辨」運動的興起，其中心觀念便是「辨僞」──包括「僞書」和「僞事」。但從

---

26 《胡適日記全集》，第七冊，頁70。

27 同上，頁193。

28 見蔣夢麟，〈憶孟眞〉，引在傅樂成，《傅孟眞先生年譜》（台北：傳記文學出版社，1969），頁32。

1930年開始，胡適為了堅持老子在孔子之前的論點，卻轉而採取了批判「辨偽」的立場。這一公案是十分複雜的，這裡祇能極簡單地作一交代。

1922年3月4、5兩天，梁啟超在北大講演，題目是「評胡適的《哲學史大綱》」，提出《老子》是戰國末年偽書的問題。這很有點朱熹所謂「上門罵人」的意味（《朱子語類》卷140）。胡雖自任主席，介紹了梁氏，卻不免有點介意，所以說他「不通人情世故」[29]。幾天以後北大學生張煦寫了一篇駁論，寄給梁氏，他稱賞其「考證精覈」，但仍持論如故。此文發表後，爭端也就停止了。不料八、九年之後，許多學者都不約而同地重提舊案，其中包括馮友蘭、錢穆、顧頡剛三先生在內，聲勢極為浩大。胡適不能不奮起應戰了[30]。胡並沒有取消他一貫的「辨偽」立場，但強調證據不足，祇可「展緩判斷」。由於諸家立論幾乎都集中在「思想系統」、「思想線索」或「時代意識」上面，通常考據中所用訓詁、校勘等關於「文本」的研究在此已不能發生決定性的作用，（今天雖增加了馬王堆和郭店等《老子》寫本，情形依然未變。）胡適對此有深刻的認識，因此決定先重建比「思想線索」或「時代意識」更廣闊，也更具體

29　見《胡適日記全集》，第三冊，頁450。
30　這些資料都收在羅根澤編《古史辨》第四冊和第六冊中。

的古代文化演進的歷史圖像，然後再把老子、孔子安置其中。〈說儒〉便是在這一構想下產生的。所以〈說儒〉的切入點是要證明「儒」是殷民族的教士，穿的是殷衣冠，遵用的是殷禮。但殷亡之後，這些殷士一方面以治喪、相禮、教學為職業，另一方面則發展了一種柔遜的人生哲學以求見容於新朝。（根據《說文》「儒、柔也，術士之稱。」）在這一重建的殷、周文化史假說之下，他又進一步論證了老子是殷遺，代表了前期「儒」——即入周以後「殷士」——的生活方式和人生觀；孔子也是殷遺，而且一度被認作是復興殷民族的「聖人」。但是孔子的眼光已擴大到殷以外的整個中國世界了，他最後超越了殷文化的傳統，將「柔遜的儒」改造成「剛毅進取」的後期的新「儒」。我們很清楚地看到，在這一假說之下，不但孔子問禮於老子的記載失去了懷疑的根據，而且《老子》一書中的主要思想也不必遲到戰國晚期才能出現了。

胡適在〈說儒〉中完全用不上「辨偽」的方法，相反的，他以高度想像力來運用殘存的文獻，重構一個「持之有故、言之成理」的古史輪廓。這恰恰是傅斯年當時研究古史的途徑。傅接受了「古史辨」洗禮之後，更進一步運用王國維的「二重證據法」，對古代民族分劃、互相交涉、遷徙狀態等進行大規模的整體觀察，其想像力尤其繁富。這是胡適在學術上與傅斯年合流的根本原因。

1926年在巴黎時，胡對傅「感覺失望」，但五年之後則完全刮目相看。1931年2月17日胡在日記中說：

> 孟真來談。讀他的〈新獲卜辭寫本後記跋〉，此文論二事，一因卜辭「伐芊」而論「楚之先世」，一因卜辭「命周侯」而論「殷、周的關係」。兩題皆極大貢獻，我讀了極高興[31]。

第二天又記道：

> 下午孟真來談古史事……。孟真原文中說，「每每舊材料本是死的，而一加直接所得可信材料之若干點，則登時變成活的。」此意最重要[32]。

胡不但重視傅的成就而且也為傅的詮釋觀點所動。「點活材料」是一種詮釋方法，陳寅恪用得最多，傅在柏林時曾與陳討論「古史辨」，每週數次，或受其影響[33]。〈說儒〉中也頗用此法，與胡平時所提倡的「科學方法」有別。但四年以後，

---

31 《胡適日記全集》，第六冊，頁494。
32 同上，頁495。
33 見《傅斯年全集》，第三冊，頁225。

胡對傅的推重則達到了最高峰。《胡適日記全集》1935年6月6
日條說：

> 孟真來談他的古史心得，特別是秦民族的問題，極有
> 趣味。他說絕頂聰明人，記誦古書很熟，故能觸類旁
> 通，能從紛亂中理出頭緒來。在今日治古史者，他當
> 然無有倫比[34]。

與七年前在巴黎時的感想相反，他認定在古史研究的領域中，
傅已跑在顧的前面了。

　　這個論斷並不是完全出於胡適個人的主觀偏向。事實上，
顧與傅先後各自領導了一個古史研究的階段。1920年代是「古
史辨」的時代。但這個運動在兩三年後已進入「常態研究」
（normal research）的狀態，其成績繼續見於七巨冊《古史辨》，
不過高潮已過，不再像初出現時那樣激盪了。1930年代則是傅
斯年領導下的史語所重建古代信史的階段，其特色是大規模的
考古發掘。傅的古書記誦和觸類旁通在考古發掘上發揮過導向
的作用。山東城子崖黑陶文化的發現顯然和他的「夷夏東西說」

34　《胡適日記全集》，第七冊，頁215。

有很密切的關係[35]。但他之所以能在古籍的「紛亂中理出頭緒」則直承「古史辨」而來,〈與顧頡剛論古史書〉即其明證。顧的「古史層累造成」說為他重整古史系統提供了始點,所以他立論之際也不忘說明:「唐虞三代之觀念,實甚後起來。」[36]古史研究的第一和第二階段之間具有連續性,這是無可懷疑的。但在1930年代,史語所的古史重建運動方興未艾,傅斯年在第二階段獨領風騷,也是有目共睹的。胡適寫〈說儒〉,在史事建構方面得到傅的幫助最大。1934年3月20日胡適記道:

> 孟真來談。他昨晚送來他的舊稿〈周東封與殷遺民〉諸文,於我作〈說儒〉之文甚有益,已充分採用。今天我們仍談此題[37]。

傅文對〈說儒〉的中心論旨具有奠基作用,胡適不但在原文中已明白承認,而且傅逝世後也一再提及。但日記的最後一句話則更值得重視,由此可知他在撰寫過程中曾多次和傅討論過。這是學生反過來影響老師的例子,和維根什坦(Ludwig Wittgenstein)之反饋羅素頗為相似。

---

35 參看他的〈「城子崖」序〉,《傅斯年全集》,第三冊,頁206-211。
36 見〈「新獲卜辭寫本後記」跋〉,《傅斯年全集》,第三冊,頁242。
37 《胡適日記全集》,第七冊,頁84。

從1930年起，胡與傅的關係逐步深化；相形之下與顧先生則不免疏淡了。但是相對於其他友生而言，胡對顧還是另眼看待的。顧在《日記》1931年1月31日條記道：

> 此次中華文化委員會年會，決議年贈二十萬元與北大，設研究講座九人，專任教授十五人，助學金及獎學金各十五人，以五年為期。今日孟真與適之先生均勸余改就北大專任教授，月薪四百五十元，課六小時。……他們要我作史學系主任，則力辭之。不但主任不作，即其他事務亦一概謝絕。總之，必與燕大過同樣之生活，然後可就。

這是北大當時最高的榮譽講座，胡、傅都同以顧先生為史學一門的首選，則對他的推重與親切，可想而知。傅雖與顧爭勝，也還祇是胡氏門牆之內的糾紛；在爭取顧回北大的問題上他和胡則是一致的，因此他們又讓校長蔣夢麟出面促他「必去」。由於燕大的全力挽留和北大為「是非之場，能不去時總不想去」（《日記》同年3月13日條），他最後還是辭謝了北大專任之聘。胡適對此事的反應未見記載，失望大概是免不了的。傅斯年先是當面對他表示「頗不快」（3月21日條），幾個月後又寫信責備他：「燕京有何可戀，豈先為亡國之準備乎？」（6月12日條）傅

的民族意識最熾熱，對顧寧可留在美國人辦的大學而不返母校，尤其耿耿於懷。

傅是當時北大歷史系的靈魂，顧不肯回北大或與此有關，不過在日記中沒有提到。他明白記出的顧慮是下面一條：

> 我進北大，介泉、紹原、緝齋均在，對我繼續攻擊自在意中，終以不去為宜。（1931年3月11日條）

潘家洵（介泉）、江紹原、汪敬熙（緝齋）三人都是他的北大老同學，其中潘和他交惡起於1926年在廈門大學，其餘兩人待考。總之，在他的想像中，北大是一個滿布著敵人的「是非之場」，難怪他不肯入夥了。但是這一「疑心生暗鬼」的心理也使他和胡適的關係蒙上了一層陰影。試讀下面這條記事：

> 與適之先生書云：連上數函，迄未得覆，甚為惶恐。未知是我有所開罪於先生呢，還是有人為我飛短流長，致使先生起疑呢？如有所開罪於先生，請直加斥責，勿放在肚裡，因為我們的交誼上是不該放在肚裡的。如有人為我飛短流長，則請徐察之。去年有人告我，劉半農先生說我罵他。這真正是想不到的事，但因我們的交誼淺，覺得不必申辯，聽之而已。如果先

生亦聽見同樣的話,那我不敢不「垂涕泣而道之」。

如有暇閒,願詳告我。(1931年9月7日條)

這大概是由疑心而起的一個誤會,很快便消散了。幾天以後他又「到適之先生家。晤小柳司氣太等。到會賢堂吃飯。」(9月13日)然而無可否認地,從此時起這一心理一直支配著他:一方面,他十分珍視他和胡之間的交誼,唯恐胡對他發生任何誤會;另一方面,他又疑心胡已爲他的敵人所包圍,時時以「飛短流長」中傷他。

抗戰勝利以後,他和胡南北暌隔,除了偶爾在南京開會時見見面外,已很難再有私人交往。但是他仍然不忘把握機會,表示他和胡的「交誼」始終如一。《日記》1948年6月2日條:

與拱辰(按:楊向奎)、恭三(按:鄧廣銘)書,謂適之先生後年六十,擬爲發起紀念論文集,明年集稿,後年出版。

予擬作「禹貢著作時代考」,將三十年研究作一結論。

這時傅斯年還在美國治病未歸,他也許是爲了使紀念論文集的內容充實,竟在胡六十歲生日(1950年12月17日)的兩年半前便首先發起徵文。他自己選定的論文題目至少含有兩重深意:第

一、三十年前即他開始追隨胡適的時期;第二、胡適當時正在研究《水經注》案,屬於歷史地理的領域,所以他要總結生平關於〈禹貢〉的年代考證。這都是他飲水思源的心情的自然流露。

1949年4月6日胡適離滬赴美,他去送行。回家後在日記上寫道:

> 適之先生來滬兩月,對我曾無一親切之語,知見外矣。北大同學在彼面前破壞我者必多,宜有此結果也。此次赴美,莫卜歸期,不知此後尚能相見,使彼改變其印象否。

這是最後分手的話,寫得很傷感,似乎1931年關於「飛短流長」的推測,至此竟已證實。他雖已不能向胡「垂泣涕而道之」,但所呈露的心理仍然是唯恐胡氏因為任何誤解而對他產生不好的印象。這一心理至少維持到1952年尚未改變。1968年他列舉自己「五十年中的罪行」,其中有一條記:

> 胡適在台灣說我和朱光潛批判胡適是共產黨逼出來的假檢討,我把這條貼上日記,表明我和這大反動頭子有同情。(《日記》1968年12月31日條末)

這條罪狀不知是自供的還是別人加給他的，但確實道破了他當時的心事：胡知道他批胡是假的，他一定感到很大的安慰[38]。

1949年在上海，胡對顧「無一親切之語」是否即是「見外」，現已無從證實。事實上，整個這一年胡適的心情都是極其低落的，他幾乎沒有寫日記，只有一些簡單的約會日程。此時胡、顧兩人的生活世界之間，重疊的部分已縮得很小了，彼此關懷的問題也大不相同。他們在語言溝通上發生了某種程度的困難，是不必詫異的。但胡適後來對顧先生還是有過「親切之語」，那已在整整八年之後了。

1957年7月，胡適大病之後在寓所休養，偶然讀到俞平伯《紅樓夢辨》的原版(1923年)。勾起舊情，他寫了一篇兩千多字的跋文，回顧他在1921-23兩年中和顧、俞兩人考辨《紅樓夢》的往事。全文主要討論顧先生的〈序〉，文末自記說：

> 1957年、七、廿三夜半。記念頡剛、平伯兩個《紅樓夢》同志。

這是一篇充滿著感情的思舊錄，處處都是「親切之語」，

---

38 胡的話是1952年11月19日在記者招待會上說的。見《胡適演講集(三)》（台北：遠流，1968），頁53。

可惜顧先生已無緣見到了。這時正值從「鳴放」轉為「反右」的關鍵時刻。為好奇心所驅遣，我想知道顧先生在同一天在做什麼。恰巧他也在青島養病，卻正在苦讀《歷史唯物主義》：

> 今日臥床一日，晚似較好，惟因看《歷史唯物主義》，注意力集中，又文字累贅不易通曉，以過分用心之故又致失眠。是則予尚能學習乎否？（《日記》1957年7月23日）

我初讀此條，不解他為什麼非讀這本書不可，也不知道作者是誰。幸而剛剛出版的《吳宓日記續編》（北京：三聯，2006）為我解答了此謎。吳先生1956年9月10日寫道：

> 下午寢息片刻。2:30至5:00政治學習，同史系諸教師及史四學生，在3216教室聆秦朝亨講《歷史唯物主義》第一章第一、二、三節凡三課（有簡記），而自讀康士坦丁諾夫書以補足之。（第二冊，頁509）

當時吳在重慶北碚的西南師範學院教世界史，可知1950年代中期，蘇聯康士坦丁諾夫的《歷史唯物主義》是全國史學界在「政治學習」中必讀的「經典」。顧先生雖在養病，仍不得

不捧著這部「文字累贅、不易通曉」的譯本苦苦掙扎，難怪他要發出「予尚能學習乎否」的慨嘆了。

分手八年之後胡適和顧頡剛已生活在兩個完全不同的世界之中；這兩個世界之間再也找不到任何交接之點。「親切」一詞在顧的世界中已是完全失去意義的語言了。

三、顧頡剛與國民黨

　　本節和下一節將討論顧先生與政治的關係，主要集中在他
和國、共兩黨之間的交涉。他在氣質上是一位學人，在專業上
是古史研究，政治在他的整體生命中並不佔重要的位置，但是
他恰好生在一個內憂外患並作的時代，中國「士」的傳統在他
身上激發出現代的社會意識和民族意識；這是他的「事業心」
的原動力。正是為了他的「事業」，他才在1936年正式加入了
國民黨(見〈自我批判〉，收在《日記》1968年末條)。〈五十
年中的罪行〉「甲」項列有下面兩條：

　　(6)為了陳立夫要封通俗社的門，求救於朱家驊，受國
　　　　民黨中央政權收買，加入國民黨。
　　(7)朱家驊以英庚款補助禹貢學會。(同上)

又據《日記》1941年11月30日條，通俗讀物得到二萬元，禹貢

學會一萬五千元。這是他為了「事業」而與國民黨合作的開始。
1936年7月5日至8月10日，他在南京與國民黨中央黨部和教育部
都有不少接觸，主要當然是為通俗社和禹貢學會爭取經費。這
時他大概剛剛入黨，很得信任。7月6日的日記說：

> 到中央黨部，訪葉楚傖。……中央黨部所給予之責任
> 甚重，因取決於健常，必彼可輔予，予始有能力擔負
> 之耳。

葉楚傖當時是黨部秘書長，所交給他的任務在《日記》7月16日
條中才透露了出來：

> 適遇健常來。她所擬民眾運動計劃，比我大得多。人
> 家說我魄力大，喜歡大幹，她竟超過了我，可見她真
> 是一個不凡的人。

可知任務是讓他發起「民眾運動」。這當然是因為他一直在主
持「通俗讀物」的出版工作之故。健常是他個人生命中最重要
的人物，下面有專節介紹，暫止於此。但「民眾運動」的計劃
以後未見下落，也許牽涉到的問題太複雜，最後胎死腹中。他
在南京的活動很快便傳到北平教育界，引起種種猜測。8月16日

《日記》說：

> 前日起潛叔告我，沈兼士在席上說顧頡剛要坐汽車
> 了，忽然「陡」起來了。今日希衡告我，謂北平對我
> 頗有謠傳，言顧頡剛想作政治活動，故屢屢跑南京，
> 其辦《禹貢》與通俗讀物，皆做官之工具耳。噫，燕
> 雀安知鴻鵠之志！予不忍民族之覆亡，而彼輩乃以為
> 圖利祿，一何可笑！

他的述志之言，從後來的一切表現觀察，是相當真實的。
《日記》8月12日條剪存了一個校刊編者對他的介紹，其中有這
幾句話：

> 近年，先生復創刊《禹貢半月刊》，提倡沿革地理及
> 民族邊疆之研究，組織通俗讀物編刊社，從事灌輸國
> 家意識及科學知識於一般民眾。後兩種事業雖去先生
> 所期望者尚遠，但其性質之重要及其已有之成績固已
> 為全國學人所同聲稱讚矣。

他保留此文於日記中當然是許為知言。我們必須記住：他畢竟
是一位「五四」運動的先驅人物，當年曾參與《新潮》社的創

建。蔡元培所提倡「讀書不忘救國，救國不忘讀書」的精神，
在他那裡充分體現了出來，雖然這二者之間永遠是緊張的。

　　顧先生第二次參加國民黨的工作在1941年；這次是全時
(full-time)投入，和1936年的「客串」(free-lance)性質不同。1939
年他在成都創辦了齊魯大學的國學研究所，原來是一個長期的
計劃。但從《日記》上看，他到齊魯不久似乎便受到以前燕京
大學一個老學生的排擠，使他不能安於研究所主任之位。適在
此時，朱家驊一方面代理中央研究院院長，一方面主持國民黨
組織部，一再邀請他來幫忙，於是他便向齊魯告假，於1941年6
月5日來到了重慶。朱聘他為邊疆語文編譯委員會副主任委員，
負責會務；同時又請他主持文史雜誌社。這次國民黨正式邀他
入局，非常鄭重其事，所以不久便安排他和總裁蔣介石會面。
《日記》1941年7月13日條：

　　病，起而復睡。十時陳部長(立夫)汽車來，同到陳布
　　雷家。叔諒借衣與我。乘汽車渡江，到黃山謁見蔣總
　　裁。
　　與總裁談整理中國古籍事。留飯。乘布雷車回寓，即
　　睡。……
　　今日帶病進見，(辛)樹幟謂予頗能侃侃而談。……
　　今日蔣與予談經學，而只知山東神童江希張，使我心

冷。

今午同席：予　樹幟　立夫　布雷(客)　蔣總裁(主)

　　他為什麼特別向蔣談整理古籍呢？這是因為當時國民黨正在醞釀為十三經作新疏，並編印三百種國學要籍叢刊，由國立編譯館主持其事。顧先生到重慶後，曾多次與館長陳可忠等進行了討論。他是這一領域中最有權威的專家，所以陳立夫要他出面向蔣陳詞。從這一安排來看，國民黨當時似乎是想在多方面借重他的學術聲望，並不限於某一兩種具體的任務如邊疆研究或文史雜誌之類。但在這第一次交談中，蔣對於經學的無知則使他相當失望。

　　顧先生畢竟是學術界中人，很快便發現自己不能適應「黨」文化。六個月之後，他在《日記》中說：

　　到了重慶，方知事業之無望，騮先(按：朱家驊)之不足與謀，予決心隨孟餘先生(按：顧孟餘)進中央大學矣。自騮先助予，通俗讀物得二萬元，禹貢學會得萬五千元，予方認彼為知己。本年拉予赴渝，謂邊疆語文編譯委員會，將來可擴大為亞洲史地研究所，隸中央研究院，予方欣然接受副主任委員職務。然彼會實際負責者，李永新也，予又何必為此傀儡乎！(1941年

11月31日條）

這段自白完全證實了他自抗戰開始以來「事業心」便特別旺盛。他是抱著一番創業的雄心而來的，亞洲史地研究所的遠景對他尤其具有極大的吸引力。這一可能性如果實現，他便可以在中央研究院的建制內與傅斯年並駕齊驅，作事業上的競爭了。但邊疆語文會是國民黨的文化機構，不可能期待一個以「專政」為最高原則的「黨」對它完全不加過問。而顧先生的「事業心」則使他不甘僅作一個掛名的主管。1936年燕大要他出任史學系主任，但系務不能完全由他作主，他立即寫信給洪業（煨蓮）說：

> 予之性情，要辦事則必有事可辦，辦得好是我功，辦得壞是我罪，將來自當靜候別人的裁判。若功既不歸，過又不屬，無非無刺，這種鄉愿式之職務非我之性情所可擔任，請辭。（《日記》1936年7月13日）

朱家驊另派黨人「實際負責」會務，他已認清這不是他能發展「事業」的所在。但在國民黨高層之中，朱是最能禮遇學術界與教育界之一人。顧先生雖認為其人「不足與謀」，還是保持著一種比較友好的關係。他最厭惡的黨人則是當時的教育部長陳立夫。《日記》1943年1月5日條記：

> 陳立夫蓄意統制教育界，非其私人必加以困厄，逼其
> 脫離；屬其私人，則無論如何辦得壞，亦與維持。五
> 年以來，一個個大學收為己有。所未侵入者，中央大
> 學、西南聯大、武漢大學、浙江大學四校而已。中大
> 有四千學生，四百教員，七院六十二系，而孟餘先生
> 不肯投降，彼遂以經濟封鎖政策相脅迫，以至一年半
> 來虧空至五百萬元（等於戰前五萬），聞孟餘先生辦不
> 下去，已提出辭職，予亦浩然有歸志矣。

他當時正在幫顧孟餘主持中大出版社，故深知內幕。陳立夫自
1938年出長教育部以來，全力推行所謂「黨化教育」，造成了
許多學術教育界人士與國民黨互為異化的嚴重後果。這是一個
相當普遍的論斷，1949年美國國務院發表的《白皮書》中也有
詳細的報導。但顧先生身在其中，這則日記為上述論斷增添了
一條註腳。他個人與陳的關係也一直在惡化之中。關於1943年3
月召開中國史學會這件大事，他記道：

> 此次中國史學會之召集出於教育部……。予與今教長
> 惡感已深，本不想參加，又恐其作強烈之打擊而勉強
> 出席。然開會結果，予得票最多，頻作主席，揭諸報
> 紙，外人不詳其實，遂以為我所倡辦矣。（中略）以我

> 猜測，此事恐係蔣委員長發條子與教育部者，條子上
> 舉我之名，故彼輩不能不推我出來，俾好向委員長報
> 銷。觀於史地教育會部發新聞，不列我名，可知部中
> 仍排斥我。(《日記》1943年3月31日)

同年6月他又參加了高等文官典試會的工作，《日記》中又
說：

> 穎吾告我，本年典試，本將予名列在第一，而為陳立
> 夫所去，代以朱逖先(希祖)。由此看來，史學會由教
> 育部發起，必不願推我。所以推我者，必有其他原因
> 在也。(1943年6月25日)

陳立夫對他如此排斥，注定了他在重慶時期不可能有發展「事
業」的機會。從這幾年的《日記》看，他祇作了一些打雜的工
作。

但是不可否認的，他從抗戰的大前提出發，對於國民黨和
蔣介石基本上是支持的。這裡必須提及他作「九鼎銘辭」的著
名公案。1943年1月28日條《日記》云：

> 將劉起釪所擬九鼎文重作。……

> 鼎銘：(一)萬邦協和，光華復旦。(二)於維總裁，允
> 　　　文允武。親仁善鄰，罔或予侮。我土我工，載
> 　　　欣載舞。獻茲九鼎，寶于萬古。
> 中國與英、美之新約既成，各學校黨部及工廠黨部欲
> 向蔣委員長獻九鼎，而以鼎銘屬予，因就起釪所草，
> 加以改竄，如上文。
> 此文發表後，激起許多方面的批評，使予自慚。

最後一句話當然是聽到許多譏評以後才添進去的，並非當時之
筆。同年5月13日的《日記》載：

> 孟真謂予作九鼎銘，大受朋輩不滿，(陳)寅恪詩中有
> 「九鼎銘辭爭頌德」語，比予於王莽時之獻符命。諸
> 君蓋忘我之為公務員，使寅恪與我易地而處，能不為
> 是乎！

他雖說「自慚」，其實未必如此，否則便不會有以「公務員」
自解的話了。此解似無說服力，因為陳寅恪即使與他易地而處，
也必拒而不為。那麼他為什麼肯寫銘辭呢？我們必須理解：1943
年初英、美廢除已行之百年的不平等條約，改訂平等互惠的新
條約，確是一件不尋常的大事。而前一年(1942)元月一日，宋

子文到白宮簽二十六國共同宣言，與美、蘇、英並列為前四名，
羅斯福總統說：「可告知蔣先生，我們歡迎中國為『四強』之
一（Four Powers）。」[39] 這是中國在國際上取得了平等地位的開
始。國民黨內有不少人興高彩烈，趁機歌頌他們的「總裁」，
也是人情所可有，至於是否一定要出之以「獻九鼎」的方式，
那自然是另一問題。顧先生之所以特別提及「新約既成」，表
示他對蔣領導抗戰，使中國得到「四強」之一的地位，是抱有
敬意的。我猜想他承命寫銘文之際並沒有不得已而為之的抗拒
心理。

　　顧先生對國民黨儘管有種種不滿，但是他的強烈的國家意
識卻使他在抗戰時期支持國民政府並且同情蔣介石。這一立場
在日本投降後表現得十分突出。首先必須指出，他對戰後的蘇
聯抱著很深的憂懼，認為它是繼日本之後侵略中國的另一可怕
的勢力。《日記》剪存了一則「中蘇同盟條約公布」（1945年8
月27日）的新聞一則，他在下面寫道：

　　勝利後的慘痛！帝國主義的復興！（見1945年末條）

在另一條報紙社論：「祝中蘇友好同盟條約」之後他咬牙切齒

39　見《胡適日記全集》，第八冊，頁111。

的說：

「認賊作父」。（1945年8月末條）

傅斯年出面支持中蘇條約，表示外蒙在歷史上不是中國本土的一部分，他讀後十分氣憤，寫道：

此之謂御用學者！（中略）割地即割地，獨立即獨立，偏要替他想出理由，何無恥也！（同上）

這是他譴責國民黨簽訂了一項割地喪權的條約。出於同樣的激憤，他對共產黨與蘇聯配合而分裂中國的種種行動也深惡痛絕。日本投降後第五天（8月20日）他寫道：

共產黨跋扈鴟張，存心割據，要日軍向彼投降，要自己選出代表參加聯合國會議，要美國對國民黨政府停止租借法，簡直要使中國立刻分裂。國民新逢勝利，正謂兵革無憚，乃內戰又如箭在弦上，苟非別有心肝之人，無不痛恨共產黨者，此真有禍中國也。國民黨固不滿人意，但今日之中國實不容分裂。

兩個多月後他又對當時的政治情勢作了一個非常悲觀的分析:

> 自勝利後,共產黨軍拼命搶地盤,為恐國軍之到,盡
> 力破壞交通,故長江以北,各鐵路俱不能通,復員工
> 作因此延緩。日來共軍攻打察、綏兩處甚急,蓋急欲
> 與內蒙打成一片,以之銜接蘇聯之外蒙也。國共之戰
> 以此起。(中略)去年在成都,見軍閥高揭「反對內戰」
> 之標語,當時固無內戰可言,心竊訝之。由今日事觀
> 之,知共軍早決定於勝利後搶地盤,唯恐國軍與之戰
> 鬥,故與軍閥政客先造此空氣,禁人與爭。用心固深,
> 無如我軍不上當何!國民黨唯知保守自己地盤,固已
> 腐化。共產黨欺騙民眾,攫奪地盤,亦為惡化。各黨
> 各派及民主同盟不過趁勢造成自己地位,為混水摸魚
> 之計,所求者僅為自己作官耳。今日之政黨如是,民
> 眾之痛苦可知。中國何日始能上得建國軌道,大是疑
> 問。強國云何!勝利云何!一切是丟臉!(1945年10月
> 31日條)

我們必須注意:他說這些話並不是出之於一個國民黨黨員
的身分,而是站在一般「民眾」的立場上。由於他對戰後的政
局是如此認識的,所以他對蔣介石的處境困難有時也會報以同

情的眼光。1946年4月8日的《日記》說：

> 自蔣主席四月一日在參政會報告，謂東北問題是外交
> 問題，不是內政問題後，今日《新華日報》登載〈駁
> 蔣介石〉一文，加以痛罵，共產黨為搶地盤，悻悻如
> 此，徒足令人齒冷耳。

此時他的態度非常明朗：他對國民黨的腐化看得很清楚，但是
為了使戰後中國能走上「建國軌道」，他無法同意共產黨「搶
地盤」的路線。1946年11月10日他接受了「國府遴選為國大之
社會賢達代表」，參加制憲；1948年4月更全程參與國大選舉，
並為李宗仁助選副總統。這些活動都說明他的政治立場是一貫
的。但他在1946年必已退出了國民黨，否則便不可能以「社會
賢達」的身分當選國大代表。

　　通觀顧先生與國民黨的關係，我們可以很肯定地說，他和
國民黨一度走在一起，主要是為了發展他自己的「事業」，而
這些「事業」，包括邊疆研究與通俗讀物，則是為了「灌輸國
家意識及科學知識與一般民眾」。這代表「五四」新文化運動
的深化與擴大。傅斯年領導的史語所則一意趨向專精，欲與西
方「漢學」(sinology)爭勝負，其所體現的是「五四」的科學研
究的精神。總之，顧此時的「事業」偏重「普及」，傅則偏重

「提高」。但傅的史語所是國家機構，基礎鞏固；顧的種種「事
業」則是私人結合，非有外面的援助便不能長久維持。在抗戰
的困難情況下，執政黨中有人如朱家驊者表示願意支持他的「事
業」，雙方自然一拍即合。所以顧在1940年代參加了國民黨的
不少文教活動，必須從這一角度去認識。1948年1月20日他在南
京謁見蔣介石，便是一個很明顯的例子。日記上說：

> 謁見主席，談民眾讀物及教科書貸款事。
> 見蔣主席，面陳教科書貸款事。謂可商量，當召徐柏
> 園計議。又陳民眾讀物事，謂甚好。予請銷至部隊，
> 亦允可。

此時他任大中國圖書公司總經理，正是為了維持這一「事業」，
他才去見蔣的。至少在他的一方面似乎沒有明顯的政治動機，
至於蔣是否出於政治考慮才願意支持他，那自然是另一問題。
但國民黨對他的支持畢竟是有限的，因此兩天以後（1月22日）他
在中央研究院社會科學研究所演講，題目便是「我的事業苦
悶」。事實上，中國的巨變即將到來，再過一年多，他的一切
「事業」便在天翻地覆中同歸於盡了。

四、1949年以後的顧頡剛

　　顧先生在共產黨統治下度過了最後的31年（1949-1980），他的生活無時無刻不在「黨」的籠罩之下。這裡自然不能全面地敘述他和「黨」的關係。其理由有三：第一、《日記》中涉及他在各種「運動」下的遭遇，那是所有同輩知識人的共同的命運，世所皆知，不必再說；第二、1949年以下的《日記》，其真實性很不容易判斷。他的自我檢查在字裡行間開始發生作用，而且愈往後愈是如此。1954年入京以前，他尚未進入黨的「單位」，日記寫得還算真實，但入京以後，所記都經過嚴格選擇，運用時便必須慎察了。第三、他的夫人張靜秋女士曾於1968年兩次銷毀《日記》：第一次撕去1955年1月11、12兩天的日記，因為其中記載了她的哥哥張雁秋來信批評中共的話。她為此還寫了一篇讀來十分動人的「檢討」，表示她內心罪惡感太沉重了，「按捺不住……向組織上匯報」。第二次見《日記》1968年1月2日條末，顧先生寫道：

自今年一月三日至六月廿五日之日記，全為靜秋燒去。

但是她的「檢討」是1968年5月27日寫的，為什麼在認罪一個月之後又犯下了更大的罪，一口氣燒掉半年的日記呢？這次她為什麼又沒有犯罪感，不再「向組織上匯報」了呢？所以我對1949年以下的《日記》不能不抱著很大的疑問，覺得可能經過刪改，未必是原來的狀態。不但如此，甚至1949年以前的《日記》也免不了滅跡的嫌疑。最可疑的是1945年8月27日毛澤東到重慶與國民黨談判，至10月10日雙方簽訂〈雙十會談紀要〉後才飛返延安。這是當時重慶最大的新聞，顧先生同在一地，又極其關注共產黨的動向，何以《日記》中竟一字未及？這未免太過於不近情理，因此我推測這兩個月的日記一定經過了刪削，尤以文革時期最為可能。

基於以上的理由，下面我祇取《日記》中比較可信的記載，以凸顯顧先生晚年生命的特色所在。

首先，我要解決他為什麼決定留在大陸的問題。1948年12月28日他寫了一篇「後記」附在《日記》同年之末，為我們提供了答案。他說：

自徐州陷，京滬人心恐慌，靜秋作逃難計，逼我東返。

歸日商量行止，定赴廣州，以練青來信，謂吳敬軒所

辦文化學院可聘予夫婦任職也。因此予乃自薦於中山
大學,得可忠之允,已將聘書寄來。然靜秋手足情深,
不以夫婦及孩子同行為滿足,雁秋一家及龍書一家亦
須同行。惟拖老帶小十餘口,非五六萬元金圓行動不
得,這筆費從何處來。且到粵之後,至少有四五間屋
方能容,頂費及購家具費又從何處來。我輩窮人,在
此時代,安有逃難福分,為此躊躇。原靜秋之所以必
欲逃者,蓋以共軍所至,輒將男、女、小孩分開,恐
一家人將從此不得見面,故寧可到外面吃苦。(中略)
共產主義固為遲早必實現之政治,唯恐初來時狂風暴
雨,使最愛之人活生生的訣別,故尚以遠走為宜。(中
略)日前紹虞來,謂蕭正誼君在台灣辦東方大學,招我
同行,因允之。前途演變,不知如何。起潛叔來,述
鄭振鐸君言,謂「轉告頡剛,不必東跑西走,左傾歷
史家甚敬重他」,彼固以為予可以不行者也。在此大
時代中,個人有如失舵之小舟漂流於大洋,吉凶利害,
自己哪能作主,唯有聽之於天而已[40]。

---

40 按:此文末作「卅八,十二,廿八記」。「卅八」實是「卅七」之筆
誤,因為文中提到「昨觀《亂世孤雛》電影」,按之《日記》,正是
1948年12月27日事。

據此可以確定：他本已講定去廣州，因受兩家親戚之拖累，未
能成行。他又曾答應去台灣，但復受鄭振鐸「統戰」的影響，
而猶豫不決。不過他在思想上既已承認了「共產主義固為遲早
必實現之政治」，他的「逃難」意願便不可能十分堅定了。

　　他雖然留在上海不走，但對於政治現實的認識卻絲毫未
變，更沒有任何當時流行的「靠攏」跡象。1949年7月1日毛澤
東發表了《論人民民主專政》，正式宣布向蘇聯「一邊倒」的
政策。顧先生因為忙於編筆記，遲至8月6日「乃得縱觀」其文。
第二天他有一段簡要的評論：

> 中共太性急，一方面要打倒國民黨，一方面又要打倒
> 英美帝國主義，遂至兩面作戰，物資不流，民生日困，
> 不知弄到如何田地。然此何嘗是中共性急，只是蘇聯
> 要如此作，中共不敢不受其節制耳。（《日記》1949年
> 8月7日）

1950年2月毛在莫斯科與斯大林簽訂了中蘇條約，他作了如下的
分析：

> 昨日出報，遲至下午六時，謂係因待中蘇條約全文故。
> 其實非也。蓋中蘇新約有不便公布者（若西北石油礦歸

蘇聯及中國出若干人赴蘇聯等），故將報紙重排印耳。
即就所公布者觀之，名為蘇聯借款三萬萬美元，實則
彼方以所取日本留在東北之物資作價賣與中國，而中
國償以三萬萬元耳。以舊貨收現款，其無賴有如此者。
（1950年2月16日）

三天以後他又有以下的觀察：

毛、周將歸國。既已簽字，便放回來，此非扣留而何？
夫中蘇協定，大事也，既號稱民主，而又有政治協商
會議在，宜如何提交政協，付諸討論而後實施，今乃
迫一二人決定之，國人有以識蘇聯矣。（同年2月19日
條）

「扣留」是當時社會上的一種流言，但他堅信蘇聯是「帝國主
義」則仍與1945年評國民黨訂中蘇條約時的立場，先後一貫（參
看同年3月10日條）。不過這段觀察也同時涉及對中共體制的嚴
厲批評。如此關繫全國命運的大事僅由毛、周二人單獨決定，
視政治協商會議如無物，在他看來，完全違背了「民主」的承
諾。這自然是他的書生之見，不懂得「民主專政」的妙用，而
仍以陳舊的議會政治與「民主」緊緊地聯繫在一起。但三天之

後，他的朋友汪叔棣來訪，「長談」與「失眠」之餘，他似乎若有所悟。《日記》中說：

> 叔棣來，謂共黨有三個原則：(1)謊話即真理，(2)奴隸即自由，(3)戰爭即和平。渠即赴香港，吸取自由空氣矣。（同年2月22日條）

最後一句話最值得玩味，我們不難想像他當晚失眠時的心情。

在最初三年(1949-52)中，《日記》裡記滿了一般人民對暴力統治的憤怒與怨恨。我祇能依時序選幾條樣本於下，每條都文義自足，不待解說。1950年2月5日：

> 上海人云：現在農人無米吃，政府口惠而實不至，犯了相思病。學生、工人鎮日遊行扭秧歌，犯了神經病。商人負擔奇重，血液枯竭，犯了第三期肺病。地主階級突然破家，犯了急性腦充血。如此比擬，殊似。

同年4月9日：

> 上海各中學間反共激烈，育才中學學生竟打死一解放軍。上政治課時提出奇怪問題，使教員不能答覆；及

退黨,則高唱國民黨黨歌。老舍《我這一輩子》製為電影,觀眾見五色國旗及青天白日旗則鼓掌,見五星旗則噓噓,各劇場皆然,政府只得下令停演。此固有匪特作用在,然苟無客觀環境與之配合又安能如是。

1951年3月3日:

浙江崇德,一三等縣耳,而槍斃地主至百餘人,則全國二千縣,所殺者當逾二十萬。共產主義本要打倒資本家,無如帝國主義的國家保衛之,打不倒,乃移其禍於我國地主。地主中固有惡霸,亦有好人,今乃一網打盡,詎非冤也。

同年3月26日:

蘇州各銀行存款共一百四十億,此次派所得稅,蘇州即得一百四十億。此真竭澤而漁矣,尚望經濟建設耶!

1952年1月22日:

上海工商界四反運動,聞自殺者頗多。蓋凡在工廠商

號任經理者，必為精明強幹而能耍手腕之人，苟不如此，則在上海商場無法立足也。今日要他們坦白，並鼓勵職工告發，非逼死他們不可。……聞中國銀行副經理蔣某，前日自四層樓跳下，血肉模糊而死，然報紙不登也。

同年10月6日：

聞三五反期中，上海商人之跳樓者達八千人。

同年5月25日：

聞曉舫言，杜叢林（奉符）已自縊死，此治訓詁甚有成就者，可惜也。劉藜仙則已墮入卑田院。張凌高、姜蘊剛並以異黨分子送學習。方叔軒、羅忠恕並送北京革大學習。解放後四川死者在二百萬人以上，除地主外，凡幫會中有力者皆死，鄉鎮長無一免者。

最後一條關於四川的情況現在可以從《吳宓日記續編》中得到印證。

顧先生事實上未能擺脫孟子「仁心」、「仁政」的價值意

識，所以對於各種被清算鬥爭的人，從地主到商人，他都抱著同情心（參看《日記》1952年7月31日條）。這和毛澤東所強調的「不行仁政」（見《論人民民主專政》）恰恰處在相反的立場。這三年之中他雖被迫參加了無數次的「學習」，在政治觀念上則毫未有所改變。他的「反蘇」立場三年後也依然如故，因此1952年7月29日參加上海學院「互助小組」談「個人立場」，他嚴厲質問蘇聯為什麼不歸還從中國奪去的土地，以致回家後引起張靜秋的斥責，說他「惹禍招災」。

這三年之中他基本上保持著一個學者的獨立風格，從未主動地去和共產黨接近，但是為什麼他最後能進入科學院歷史研究所呢？我們祇有從共產黨對他的態度先後不同中試作推測。1949年7月1日「新史學會」籌備委員會在北平成立，發起人50名，其中並不包括陳寅恪、顧頡剛兩位最有成就的史學家。陳先生尚在國民黨治下的廣州。顧先生則是故意刪落的，因此他借羅常培列名其間而發出不平之鳴。他在名單之後寫道：

> 予前辦通俗讀物，攻予為共產黨最力者，羅常培也。
> 今北平入共黨之手，首先鑽進去者，亦羅常培也。予
> 前主持邊疆語文會，攻擊我不解邊疆語者，羅常培也。
> 今入其所不習之史學團體者，亦羅常培也。天下乃有
> 此無恥之徒，予甘心落伍矣！（《日記》1949年7月末）

其實新史學會發起人中寧可以非史學家湊數，也不要顧頡剛，正是共產黨要對他示以顏色。1943年重慶史學會的成立，他曾屢任會議主席，扮演著領導者的角色；這是共產黨不會忘記的。昔年為國民黨捧場的人，現在便必須嚐嚐受冷落的滋味。但顧頡剛在中國史學界的存在畢竟不能完全否認，因此1949年12月籌備新史學會的上海分會時還是讓他佔有一席之地（見本年12月11日條），不過已從全國性的地位降至地方性的了。

共產黨遲早必將他吸收到體制之內，這是既定的結局。《日記》1952年2月29日條記：

> 季龍（按：譚其驤）謂予，云去年歷史系本議決聘予為兼任教授，而一經人事室，便發專任聘書，蓋華東教育部意，欲爭取予，教課不必多而薪水可支全份。所以然者，一作專任便控制得住，每一運動不得不參加，庶乎可以改造一舊智識分子也。

黨專政體制下的「工作單位」構成一片最嚴密的天羅地網，個人一入其中「便控制得住」。過去三年中，顧先生的專業是大中國圖書公司總經理，也在私立學院兼課，總之，他是一個典型的「自由流動分子」（free-floating element）。以他的學術聲望而言，黨組織尤其不可能長期容忍這種情形持續下去。下面一

段紀事最能證實這一點:

> 德輝同事蔣君聞宣傳部中人言,舒同主任命學委會,
> 「對顧頡剛教授保護過關」,聞上海得如此待遇者僅
> 予一人,與工商界之榮毅仁等。果爾,予可不受打擊
> 矣。其所以如此者,據德輝言,當係國際觀瞻所繫,
> 不當以此引起反響也。噫,果如所言,斯亦卅餘年勞
> 動成績之所致也。予受此優待,益不敢自懈矣。(1952
> 年8月10日條)

所謂「保護過關」,1952年的「思想改造運動」而言。顧先生
以《古史辨》馳名世界,美國、歐洲、蘇聯的漢學界,無不知
之。如果他過不了關,釀成事件,的確會「引起反響」。但是
他最後一句話則出於誤會,以為黨「優待」他是為了尊重他過
去的學術成就,並期待他繼續在同樣的道路上取得更大更新的
學術成果。事實證明,「益不敢自懈」恰恰是他以後幾十年苦
惱的根源。此點觀下文自明,暫不多及。

　　1954年2月科學院歷史研究所聘他為第一所(上古史)專任
研究員,8月22日移家至北京,從此便定居了下來。他之所以能
入京,自然是出於黨中央的意旨,決不是科學院歷史所能作主
的。1953年3月8日的日記提供了一個很可信的背景:

昨（周）谷城謂予，到京晤徐特立先生，特立問起予著作，謂毛主席屢次提到，希望國家出版。谷城曰：「是否純學術性者。」徐先生曰：「無妨也。」（周）予同告予，日前開人代會，晤陳毅市長，亦詢予近狀。予自慚學之不進，而各方多注意予，殷殷望之，更不安矣。

周谷城的傳話決非道聽塗說之比。《日記》1958年6月20日：

谷城此來，係毛主席所召。日前已談過一次，主席論及予，謂在卅餘年前敢推翻禹，實是不易，並謂予之學問由看戲來，知《古史辨》自序為其所熟覽。問及予近狀，谷城云，治經學。主席云：擱一擱亦不妨。知所望予改造者深矣。

這一則記事可證前說不虛，他之被召入歷史所確與毛「屢次提到」有關。但此外還有另一種說法，當時也流行甚廣。1954年4月17日孫楷第（子書）從北京寫信給他，說他之來京是由於「聲名聞於遠方」而「遐方人則公道」，並改寫蘇轍使契丹時贈兄（東坡）兩句詩：「不是文章驚海外，還應憔悴臥江湖。」（按：原詩作「誰將家集過幽都，逢見胡人問大蘇；莫把文章動蠻貊，

恐妨談笑臥江湖。」孫氏原函則誤以爲東坡使遼。)顧先生在日記中說：

> 讀此書，似此次科學院見招，乃由於蘇聯學者之推薦。此或未必然，然北京方面對我之排擠則情事眞實，子書蓋熟聞之，故言之如此。自問一生不與人爭權利，而人猶攻之不止者，則以名也。我之名，非苟而得之，乃一生勞動之結果。堪笑彼輩不與我作勞動競賽，而惟嫉予名，可謂本末倒置。苟無共產黨，予此生其終老滬上矣。然莘田（按：羅常培）、介泉（按：潘家洵）等同輩以此攻我，猶可諒，乃若（白）壽彝、肖甫（按：趙貞信）等，均予一手培植而得社會地位，曩時見予有些力量，趨奉唯恐不至，解放後見予與新政府無關係，即投井下石。噫，世態炎涼，予經多矣，入京以後，幸勿因他人之趨走予前而有所假借也。（1954年4月30日條）

孫的一封信引起他的無限感慨，竟將五年中的苦水，盡情吐出。《日記》中可與此節互相印證之記述甚多，此處不想旁涉了。但他在上海五年的生活與心境大致已呈現在這番牢騷話裡，故引其全文於此。回到本題，我們可以得到兩點認識：第一、蘇

聯學者對他的重視是他入京的一個可能助因；第二、由於奉召入科學院歷史所，他對共產黨發生了一種感激知遇的心理。

　　蘇聯學者的因素今天尚無文獻可以證實或否證，不過也不完全是空穴來風。《顧頡剛年譜》1959年條載：

> 十月始　助蘇聯科學院中國研究所副所長越特金翻譯《史記》本紀，歷史所並組織一小組助之。彼「先以法國沙畹譯《史記》轉為俄文，復來北京，與本院歷史一所同人胡厚宣、趙幼文、高志辛等討論而總其事於予。」（頁365-366）

很顯然的，這位越特金來華，主要是向顧先生求教的。無巧不成書，我恰好會過越特金。1970年代初他到哈佛大學短期訪問，因為我當時的研究重點在漢代，和我有過幾次交流。我記得曾在家中招待過他。閒談間我問他有沒有漢名，他說是「袁慰亭」，這使我十分驚詫，因為這是袁世凱的字，不知是哪位中國學者和他開的玩笑。我忍俊不禁，因此也至今不忘。在談論中，他告訴我他譯註《史記》得到顧先生很大的幫助，並且一再表達對他的敬重。由於這一偶然的故事，我很相信蘇聯漢學家（也許就是袁慰亭）也曾在1950年代初向中共方面探聽過顧先生的動靜。

　　總之，毛提到顧先生和蘇聯學者的探詢是兩個互相加強的因素，並不衝突。顧先生入京就此成為定案。但是我現在要提出另一個大膽的推測，雖然眼前尚無法求證。問題的關鍵便在毛「屢次提到」顧的著作，不遲不早，偏偏在1953年。我們必須牢牢記住：這也是科學院全力以赴，爭取陳寅恪入京的一年。1953年11月，汪籛帶著科學院院長郭沫若和副院長李四光的兩封信，專程從北京到廣州，敦請陳寅恪擔任歷史研究第二所(中古史)所長。陳在史學界的份量一向在顧之上，更以拒不向新政權低頭著稱。所以聘請的方式才會如此隆重。黨的方面也早已摸清了兩人的思想狀態；顧是可以請得動的，陳則毫無把握。但聘陳的原動力也決不在科學院，正副院長出面僅僅是由於職務的關係而已。目前所能見到的文字證據祇能斷定周恩來在幕後過問此事[41]，但是我推測毛澤東或曾預聞其事。我不相信1950年斯大林曾向毛問及陳的傳說，但毛不可能不注意到陳寅恪其人其學的存在。毛對高級知識人有一種非常複雜的情結，一方面輕視他們，另一方面又抱著很大的敵意。這是他在北大圖書館工作的生活經驗中發展出來的。但在1949年打下了「天下」之後，他則一意要收服他們，直到「率土之濱，莫非王臣」為

41　見陸鍵東，《陳寅恪的最後二十年》(北京：三聯，1995)，頁119引《竺可楨日記》。

止。他是公開反對韓愈〈伯夷頌〉的，而陳寅恪的表現則恰好是一個文化、思想上的現代伯夷。所以我疑心科學院迫陳入京而且勢在必成，與毛的意向有關。我的推測雖無內證，卻有旁證，即陳在1953年斷然拒絕之後，黨中央並未止步，因而又有第二輪的攻勢。1956年8月章士釗受毛澤東、周恩來之託，到香港從事統戰活動，路過廣州小留，曾造訪陳寅恪，有過一次暢聚，但談話內容已不可知[42]。現在由於新史料的出現，我可以斷定章的造訪是受託說服陳北上。1956年3月6日吳宓在成都參加四川省政協會議，劉文典適從北京回昆明，特來會晤。吳宓記道：

> 晚飯後，劉文典、彭舉同來；舉旋去，與典久談。……旋乘汽車至典館舍，烹茗細談。典述（一）典近十年之情況，此次赴京之使命，留此之原因；（二）寅恪近況，政府命典作說客，典欲宓代往（宓決不效華韶（按：「歆」之誤）之對管寧，但未明說）；……[43]

6月10日又記：

---

42 《陳寅恪的最後二十年》，頁84-87。
43 《吳宓日記續編》，第二冊，頁394。

> 晚宴。宴畢，未看川戲，自訪典，未遇。留東(不願赴
> 粵說寅恪。)(頁397)

這是有關陳寅恪晚年的一條極重要的新史料，前所未知。由此
可以推知三點：第一、1956年初北京政府特召劉文典赴京，交
給他前往廣州向陳寅恪作「說客」的「使命」。第二、劉也許
自知不能達成這一「使命」，因此特別繞道成都，請吳宓代往。
請代事，劉必已得政府同意，不可能是私相授受之舉，因爲陳、
吳關係特殊，無人不知。第三、吳宓本來便和陳採取同一立場，
因此堅決不肯接受劉文典轉交給他的任務；他借華歆舉管寧的
史例爲喻，即可知這是一件正式的政府差遣。總之，劉文典的
使命來自政府，與科學院全無關係。劉自己最後怎樣向政府交
差的，其事已不可知。如果他沒有去廣州，那麼章士釗8月之造
訪陳寓即執行了劉的「使命」，否則也是負著同一「使命」。
1953年北京當局命陳的學生汪籛去作「說客」，失敗之後，1956
年改用與陳的有交情的劉、章二老出馬，其志在必得的勢態十
分明顯。如果其中完全沒有牽涉到毛的意向，這件事便不可理
解了。

　　把顧頡剛入京和爭取陳寅恪入殼兩件事聯繫起來看，毛的
意向便極易闡明。1953年毛君臨天下已有四年之久，全國最負
盛名的知識人一個個都俯首貼耳於革命暴力的威勢之前，祇剩

下史學界的陳、顧兩人尚未就範，而恰好又同在國際漢學界擁有最高的知名度。顧先生雖不像陳寅恪那樣堅持「獨立之精神、自由之思想」，但他無欲則剛，謹愿自守而有餘。毛是決不能容忍任何人在他的控制之外的。1950年梁漱溟祇因說了「把我放在政府外面」這一句話，便種下了三年後被毛當眾辱罵的禍根。所以陳、顧兩人已到了非收進來不可的時候：一個是文化與思想的「伯夷」，一個是胡適的大弟子和國民黨舊人，豈能繼續讓他們游離在外？他們既不肯自投羅網，黨便不能不採取主動了。這是我對於科學院為什麼在1953年聘顧為研究員的最後推測，姑且提出來以待將來的檢證。

顧先生1954年8月22日定居北京以後，他的《日記》和上海的五年劃下了一道清楚的界線，其中再也找不到「反蘇」、「反共」的記載了。與其說這一界線象徵了一種思想上的變動，不如說它精確地折射出他的生活世界徹底改變了。在上海的時期，他游離在體制之外，日常生活中接觸到社會各階層的人，因此經常聽到種種雜音。入京之後，他已歸屬於一個固定的「工作單位」，平時來往的都是同一類型的人，所關注的也是同類人共同面對的問題。這是一個截然不同的生活世界：他的工作單位在科學院，名義上是最高的學術研究機構；然而我們決不能望文生義，以為這是一般所謂「象牙塔」，住在塔裡的都是些「精神貴族」。事實上，當時的體制中已不允許有「象牙塔」

的存在。而且依照「高貴者最卑賤」的邏輯,科學院正是一個如假包換的「精神賤民」的世界。這個世界又是不設防的,完全暴露在一次接一次而且愈來愈強烈的政治風暴之下。顧先生入京以後的《日記》基本上便是這一世界的忠實反映。由於這裡不是討論這個複雜世界的所在,我僅把它看作一般的背景,用幾句高度概括的話,一筆帶過,下面仍回到顧先生入京後在思想和生活方面所碰到的具體問題。

前面已指出,1948年他回顧一生的事業,主要有三個方面,即國故整理、民眾教育、邊疆開發。後兩項在1949年以後已絕對不許黨以外的任何個人或團體染指,所以他晚年的「事業」祇剩下國故整理這一領域了。他接受科學院歷史一所的聘任時,抱著滿腔熱情,要重理古史研究的舊業,實現他第二階段師法王國維的夢想。他一廂情願地假定,這也是歷史所聘請的目的所在。然而他一到北京便發現實際情況與他事先的擬想恰恰相反。下面是《顧頡剛年譜》1954年條的記述:

> 八月下旬至九月末　整理書籍。「我一生好書,節衣縮食地買書,所積太多,科學院代我全部運京,又給我一所大屋子安放,我非常感激政府對我的照顧。可是到京後不久」,尹達「就對我說:『我看你就害在這幾百箱書上了!』我聽了駭然,心想,科學院為了

我能掌握些史料，繞招我來此；他竟説我為書所害，
那麼招我豈非多事？」（〈從抗拒改造到接受改造〉）
九月　作《顧頡剛工作計劃》，分為編輯考訂、研究
專著與論文、筆記三部分，交尹達。九月下旬至十月，
整理積稿，亦送與尹達看。但均不見回答。十一月下
旬，到彼辦公室將稿件取回，知彼竟未看，而對自己
以往幾十年的工作只評為「大而無當」，因此感到鬱
鬱不樂。（頁353）

　　尹達雖是北大歷史系畢業的，大概也上過他的課，後來還
在傅斯年的史語所中工作過一段時期，但他此時是歷史一所的
黨領導，他的反應即是黨的反應。顧先生從此時起便認定尹達
個人一直對他抱有極深的偏見，因此隨時隨地和他過不去，可
見他完全不懂得共產黨的根本性質。1964年10月27日尹達明白
地對他說：

　　我只知執行黨的政策，故受你批評，亦不辯護。

這實在是一句真話。他當時雖表示同意，心結卻依然如故，一
直到死，都沒有真正改變。前面引過1958年周谷城和毛談話，
提到他正在「治經學」，毛說：「擱一擱亦不妨。」這便是尹

達所認真執行的「黨的政策」。他卻誤以為毛要他把思想改造好再進行古史研究。1949年馮友蘭上書向毛輸誠，表示決心在五年內用馬克思主義觀點重寫一部中國哲學史，毛回信叫他不用急，「總以採取老實態度為宜」[44]。難道毛竟會對顧另眼相看，期待他在垂暮之年完成思想「改造」，然後寫出合乎馬列主義水準的古史嗎？事實上毛找他來後，除了政治作用之外，也因為他在整理古典文本方面尚有一技之長，可資利用。1954年11月2日他在日記中記道：

> 以毛主席的命令，成立「標點《資治通鑑》及改繪楊守敬地圖工作委員會」，以范文瀾、吳晗、黃松齡、董純才、翦伯贊、侯外廬、向達、顧頡剛、尹達、黎澍、劉大年、金燦然、王崇武為委員，以范文瀾、吳晗為召集人。成立「標點《資治通鑑》組」，以王崇武為召集人，顧頡剛任總校對。成立「改繪楊守敬地圖的小組」，調譚其驤主持，史念海、顧頡剛、王庸參預工作，由出版總署組織人力。

此時他入京才兩個月，毛的第一道命令便要他負責標點《資治

44　馮友蘭，《三松堂自序》（北京：三聯，1984），頁157。

通鑑》的總校對；改繪歷史地圖也在他的沿革地理的專業之內，譚其驤與史念海也都是他過去訓練出來的專家。不但如此，繼《通鑑》之後毛又在1958年下令標點二十四史；這個任務當然也落在他的身上（見《日記》1958年9月30日條）。1971年4月7日周恩來正式派他主持標點二十四史計劃，如果不是毛親自點名，也必是周善揣毛意的結果。所以就顧先生的史學造詣而言，毛看中的不過是有關文本處理的技術部分，至於顧先生本人念茲在茲的名山事業則自始即未進入毛的視野。尹達在這一點上對黨的需要是抓得很緊的，難怪對他送去的積稿根本不屑一閱，而他以往幾十年的工作也祇落得「大而無當」四字的評語。

但顧先生之入彀並不僅僅滿足了毛個人對於高級知識人的制服欲。必須承認，對於黨的整體需要而言，像顧先生這樣的人在政治上還有各式各樣的剩餘價值。姑舉一二例作為說明。1955年1月2日的日記說：

> 聞大玫及王儼言，予在政協中之發言，昨晨曾以錄音廣播，當必為台灣居民所聞，發生招徠之力量。

可見他自己也十分清楚他的工具作用何在。1957年5月2日他在日記上寫道：

> 政府派黃居素到港，作聯絡事宜，故眞如(按：陳銘樞)
> 邀其來此，囑予為賓四寫信，能回來最好，即不回來
> 亦望改善態度。予因作留港舊友書十一通交之。

這是他代黨向錢先生和其他在香港的舊友進行統戰工作。有趣
的是錢先生在《師友雜憶》中說：

> 後余來香港，有人來言，頡剛面告，其在北平重獲舊
> 時學業生涯。盼余能設法早歸。則其不忘情於余者，
> 實始終如一。(《全集》本，頁251)

錢先生未說收到他的信，不知是忘了，還是別有原因。但兩相
對照，令人失笑。當時幾乎稍有名望的知識人都被用之爲統戰
工具，顧先生自是身不由己。1952年吳宓在重慶被逼寫成一篇
〈改造思想，堅定立場，勉爲人民教師〉，刊布在7月8日的重
慶《新華日報》上[45]。三個月後這篇文章也化爲統戰之聲。吳宓
在10月3日的一條日記中說：

> 今日作〈壬辰中秋〉五首。(一)首三四句乃指昨日上

---

45 見《吳宓日記續編》，第一冊，頁379。

午李耀先告宓,聞當局已將宓之思想改造文,譯成英
文,對美國廣播宣傳,以作招降胡適等之用。此事使
宓極不快,宓今愧對若人矣。(同上,頁432)

他的中秋詩第一首值得全引在這裡,不僅第三四句而已:

心死身為贅,名殘節已虧。逼來詛楚狀,巧作絕秦資。
戀舊從新法,逢人效鬼辭。儒宗與佛教,深信自不疑。
(同上)

這是一代中國知識人「亡天下」之後的哀音。吳宓當時因學生
「皆讚揚蘇俄社會主義,並歌頌斯大林」,故沉痛地預言:「今
後中國將永非華夏五千年文明之中國矣。」(同上,頁431-2)但
是他發出的哀音也許還能在後世讀者心中激起同情的回響。

　　顧先生入京以後有沒有與吳宓相類似的文化感受,《日記》
中沒有明顯的痕跡可尋。但是有一點是肯定的,他定居後毫無因
人生新階段開始而流露出絲毫興奮的情緒。相反的,兩個月還不
滿,他的感受竟是「苦」,而不是「樂」。1954年10月13日記:

改《千家詩》一首抒懷:
雲淡風輕下午天,傍花隨柳過前川。

　　時人不識予心苦，將謂偷閑學少年！

其實所改最主要的一點是將程明道原詩「予心樂」改成了「予心苦」而已。從這一線索出發，他在9月13日晚上

　　看《梅村集》。

的記載似乎有點形跡可疑。此時他定居北京才三個星期，運來的書正在整理上架，爲什麼偏檢出一部《吳梅村集》來消閒？吳宓在1949年以下的日記中也時時記他讀《吳梅村集》而流涕，自比於梅村在清初身降而心不降的無奈。他和陳寅恪一樣，也以文化遺民自居，不過他羨慕陳仍能步顧亭林的後塵，而他自己則不得不降格爲吳梅村，上引「名殘節已虧」之句便表達了這個痛苦。他與國民黨毫無關係，所謂「名節」並不帶半點政治涵義。依照顧亭林「亡國」(改朝換代)與「亡天下」(異族文化征服中國，如薙髮易衣冠)之辨，吳自以爲所經歷的是後者，所以他說讚蘇俄、頌斯大林，華夏五千年文明的中國從此將不復存在。但顧先生的情形則稍有不同，他曾一度是國民黨員，參加過制憲與總統選舉，復當選爲中央研究院院士，現在北上進入新政府系統下的科學院，他難道完全沒有一點「舊朝」換「新朝」的感覺？祇要潛意識裡有一絲這樣的感受，三百年前

他同鄉——吳梅村——往事便可能觸動他的心弦。我們應該記得，1948年底他曾動念去廣州或台灣，終因家累太重而不得不放棄此念。這豈不是和吳梅村「脫屣妻孥非易事」（〈賀新郎·病中有感〉）的感慨先後如出一轍？入歷史所以後，尹達對他的態度祇有更深化了這一感受。1955年3月17日他說得很清楚：

> 尹達對予態度，一若征服者對被征服者，令人難受。「到此乃知獄吏尊」，洵然。

事實上，剛剛入所不久，尹達便對他說：

> 你是在上海等待蔣介石反攻大陸的，現在看我們的政權鞏固了，你才肯來了[46]。

這真是「征服者」對「被征服者」的一種最露骨的語調。

但這種「被征服者」的感覺他早在三年前便已領略過了。1952年在上海經歷「思想改造運動」中，他寫道：

---

46 〈顧頡剛在解放後的大事記〉，引自顧潮，《歷劫終教志不灰》（上海：華東師範大學出版社，1997），頁261。

> 學委會派來幹部，每盛氣凌人，一副晚爺面目，自居
> 於征服者而迫人為被征服者。(《日記》1952年8月9日
> 條)

懂得他這一心理，「看《梅村集》」便不會使我們感到意外了。

但他畢竟是受過「五四」反傳統洗禮的人，「古史辨」也是拆毀傳統的工作，難道他自己還擺脫不掉傳統中那些渣滓嗎？說起來教人無法相信，他心理的傳統積澱竟是既厚且重。從《日記》看，他有極深的傳宗接代的觀念，為了「得子」，一再考慮「納妾」。又為了知道命中有無子嗣或何時可以得子，他到處找人算命看相；他也關心命中的窮通壽算。姑舉一例以概其餘。《日記》1943年1月25日條：

> (張)嘉謀擅相術，謂予五十三歲可得子，子必佳。又
> 謂予壽當至八十外，可及見子之成立。

此條之末又加了1944年1月10日的「補記」：

> 自嘉謀為我作五十三歲得子之預言，我與履安談，請
> 納妾，履安怫然，曰：「我自己感覺到，我和你的緣
> 分滿了！」當時只謂是氣話而已，哪知四個月後真捨

我而去乎，痛哉痛哉！

這條記載和跋語，若置之傳統士大夫的日記中，那是再合適不過的，但是誰能相信它的作者是曾在《新潮》上痛批舊家庭弊病的人呢？我在這裡祇是作歷史的觀察，絕對沒有半分譏笑顧先生自相矛盾之意。相反的，這個實例讓我們深一層地認識到：一百多年來中國學人筆下所津津樂道的「新」與「舊」、「進步」與「落伍」、「傳統」與「現代」、「西方」與「中國」、「革命」與「反動」等等二分法都是經不起分析的。在實際生活中的「人」本來就是「一堆矛盾」（"a bundle of contradictions"），愈在變動劇烈的時代，愈是如此。另一位「五四」先鋒──傅斯年──在無意中點破了這個真理。他說：

> 我們的思想新、信仰新；我們在思想方面完全是西洋化了；但在安身立命之處，我們仍舊是傳統的中國人。

胡適聽了這番深透的議論後，評論說：

> 孟真此論甚中肯[47]。

---

47 見《胡適日記全集》，第五冊，頁581。

　　顧先生也是「一堆矛盾」，並非例外。他在思想上早已否定了國民黨。自從1953年3月8日周谷城傳話，說毛「屢次提到」他的著作問題，他「在安身立命之處」或許已對毛產生了「知遇之感」。所以1953年11月25日，他在稱讚錢先生《諸子繫年》為「不朽之作」之後緊接著下一轉語：

> 惜其不識世界大勢，投向反動陣營，終為國家民族之
> 罪人，斯則受張其昀拉攏之害也。

不論此語是否發自內心，在思想的層面他的選擇已決定了。但十個月之後，當他從尹達的態度中感到自己是「被征服者」的時候，他「在安身立命之處」又故態復萌，不知不覺地認同吳梅村了。他的認同自然是有限度的，因為他和國民黨的關係決非梅村與明朝之比。1949年5月25日上海易手的那一天，他在日記中說：

> 蔣要打一硬仗給外國看，結果打不成，所謂「兵敗如
> 山倒」也。此君「自我得之，自我失之，亦復何恨」，
> 惟苦了萬千老百姓耳。

這是以蔣比梁武帝，與陳寅恪「自我失之終可惜」的詩句竟不

謀而合[48]。這裡帶有一點惋惜之意，然而已站在旁觀者的立場上
了。所以他的認同不可能發展到吳梅村那樣自傷的深度：「我
本淮王舊雞犬，不隨仙去落人間。」（〈過淮陰有感〉之二）

　　顧先生對吳梅村這一點微弱的認同，如果有的話，也是極
其短暫的。接下來便是長期的追求「進步」，而且愈逼愈緊，
與整個政潮的繼漲增高密相配合。但直接的原動力來自他的夫
人張靜秋。這是他晚年生命的一大特色，不可不著其梗概以終
此節。

　　張靜秋女士原是國民黨員，抗戰勝利後其兄雁秋和她兩人
都曾有意競選國民大會代表（見《日記》1947年9月14日條）。此
所以她在1948年底主張偕兄全家同去廣州，事已見前。共產黨
的天羅地網愈收愈緊，1951年6月張雁秋在鎮反運動中終被逮捕
（見6月20日條《日記》），判勞動改造十二年。從此時起張靜秋
便生活在極度恐懼之中，《日記》同年8月1日條：

> 渠又因雁秋之事，弄得草木皆兵。今日上午，以建軍
> 節，街頭常有警備軍過，汽笛慘鳴，靜秋即以為來捉
> 人，為之心驚肉跳。夜中已睡矣，忽打門聲甚厲，靜

48　關於陳詩的分析，可看我的《陳寅恪晚年詩文釋證》（台北：東大，初
　　版二刷，2004），頁43及224。

> 秋驚起，予亦醒，繼乃知是朱家客也，又是一場虛驚。
> 生當此世，人人自危，而靜秋以神經質，加上燥急之
> 性情，遂若僬焉不可終日矣。

我們必須牢牢記住這一段慘痛經驗（心理學上所謂 "traumatic experience"），才能理解她後來的種種行為表現。為了存活下去，她必須不斷地逼著顧先生「進步」，以爭取黨的信任。1954年12月7日：

> 接中國人民政治協商會議全國委員會秘書處來函，云
> 由該會常務委員第六十二次會議協商決定，請予為政
> 協第二屆全國委員會委員，第二屆第一次全體會議定
> 於十二月二十日在北京召開。是夕，靜秋聞之，為之
> 喜而不寐。

獲聘為全國政協委員當然在政治上跳上了一個很高的安全台階，她「喜而不寐」是極自然的反應。但共產黨對高級知識人的收放擒縱自有一套精打細算的腹案，外人不得而知。因此顧先生得意之後又繼之以失意。1955年6月4日：

> 今日靜秋見報上發表科學院學部委員名單無予名，頗

責備予之不進步，以致被擯。然社會科學黨中有不少
名家，不似自然科學之悉取材於黨外也。觀黨中歷史
學界如尚鉞、嵇文甫、華崗等尚不在內，更何論於予
耶！「為善無近名」，予得解除名之桎梏，亦可喜也。
聞此次學部名單，自然科學、技術科學方面之委員係
由各專家票選，而社會科學部之委員則由黨方圈定。
予於馬列主義尚未入門，固不當預此選也。

科學院學部委員相當於中央研究院院士，以史學成就言，顧先
生似不應落選。張靜秋嫌他「不進步」，他自己也認為是由於
「馬列主義尚未入門」之故，其實離題萬里。他是否真感到「可
喜」，姑且不談。無論如何，他的自我辯解和關於學部委員產
生程序的了解（包括自然科學在內），都未必與事實相符，不過
這裡無深究的必要。然而這一挫折卻使張靜秋加倍地警惕起
來，從此逼顧先生「進步」便一天天升級了。6月12日：

以天氣太熱，昨夜眠又不佳，精神疲倦至極，而靜秋
以予不得被選為學部委員，又復怨予之不進步。以予
年齡之長，精力之差，業務之忙，家累之重，何能多
看新書；即看新書，亦何能必有進步。若實未進步而
表面冒充進步，以期當局之賞識，此乃投機分子所為，

非予良心所安，且予之品性亦實不能為也。然則在此
緊張空氣中，殆非逼死予不止矣。

第二天李富春、陳毅在懷仁堂報告，自三時至九時半，他別有
業務，本不想去，但張靜秋堅不肯放過他。6月13日的日記說：

> 《史記》工作當續為，以維生計，天又大熱，今日之
> 會予本不願去，而靜秋求予進步之心太切，強迫予往，
> 乃至晚十一時始得晚飯，十二時始得登牀，失眠之疾
> 遂大作矣。今日政府中人，經過千錘百煉，自係龍馬
> 精神，而我則神經衰弱已甚，欲勉強追隨，徒然送我
> 老命而已。

顧先生晚年陷在這種境地中，他的生活真是「苦」得很。1956
年9月16日他談到自己的病，歸結為四個病源：

> 予之病，已屬衰年，一也。受經濟之壓迫，卒卒無閒，
> 二也。受尹達之侮辱，三也。靜秋易怒，常致反目，
> 四也。若予工作輕鬆些，家庭和樂，領導方面有相當
> 之禮貌，則雖屬衰年，尚可有水平線上之健康也。

　　但是他要想「家庭和樂」，卻祇有拚命「進步」一條路可走；1958年在所謂「交心運動」中，便做了上乘的表現。4月16日他記道：

> 今日予向同人挑戰，不但比數量，而且比深比透，成
> 一積極分子矣。歸後為靜秋言之，渠喜而不寐。

這又是一次難得的「喜而不寐」，顧先生無疑付出了很大的代價。

　　等到「文化大革命」爆發了，他以前的一切努力又全都付之流水。1966年9月11日他記下了三件事：

> 靜秋與潮、洪、湲三兒與予鬥，靜秋打予至五次。
> 家中人與予鬥，以我拉客觀故，以此知予在交代中拉
> 客觀太多，將來所中亦必與予鬥也。
> 以我為「反動學術權威」故，四兒皆不得為紅衛兵，
> 以是皆恨我，我每出一言，必受其駁，孤立之狀可想。
> 堪兒向與前院諸兒遊，自封屋後，諸兒皆不與說話，
> 渠遂攜被臥於校中，僅還家吃飯耳。在飯桌上，常瞋
> 目斥予。

以前是張靜秋逼著顧先生「進步」，把希望寄托在「一人成仙，全家升天」上。現在不同了，家中人人各自求活命，而顧先生反而成為妻子兒女求生的唯一障礙物，必須隨時以暴力鎮壓之。1967年3月8日顧先生發出了下面的哀鳴：

> 今日下午，靜秋開會歸，予詢其到會人多否，渠謂住本胡同者幾全到，惟季淑仙未至。予云：「季淑仙之大字報比我還多。」……靜秋云：「你的大字報比她還多，你不能説人家。」我云：「我的大字報有些是青年人開我玩笑的。」彼聞此言大怒，斥我不信群眾，即要到「文革」小組檢舉。予急謝失言，彼乃打罵不休。噫，以我之年與病，一死何足惜，但想不到竟死於靜秋之手耳。

顧先生在巨大的家庭壓力之下，追求「進步」二十多年，究竟取得了何種具體的成績呢？讀完《日記》後我反覆推究，祇能得到一個結論：他對毛澤東的崇拜與信仰確是與日俱進，最後他好像已能斷定整個世界，不僅是中國和東方，終將籠罩在毛的「偉略」之中。如果他這些意思是以普通的豪言壯語出之，我自然會懷疑其真實性。但是他在表述這些信念時，往往雜之以詩與夢。這就使我不得不認真看待之，因為據我讀《日

記》所獲得的印象，在多數情況下，《日記》中的詩與夢是他
內心感受的流露。

1959年3月他和其他政協委員訪問長沙等地，他有〈到韶山
沖謁毛主席故居〉一首歌，題在故居的紀念冊上。歌曰：

> 劉邦還鄉時，引吭歌大風。這風是化國為家的私風，
> 到了逍遙津，漢家的壽命合告終。毛主席還到這故鄉
> 也該歌大風。這風是根本壓倒西風的東風，它吹起了
> 亞、非、南美火熊熊，帝國主義路途窮，世界行將化
> 大同，功德萬世長崇隆。長崇隆，長崇隆，光輝照徹
> 全宇宙，億兆人來瞻禮韶山沖。（見《日記》1959年3
> 月31日條末）

他是不能「冒充進步」的，他的「品性」也不允許他作「投機
分子」（見前），所以我毋寧相信這些歌功頌德之言是發乎內心。
在老一輩史學家中，歌頌「韶山」的，陳垣比顧先生捷足先登，
不過援菴老人祇能籠統地說「韶山」是「聖人之居」[49]，而顧先
生則把「韶山」的「功德」刻劃得轟轟烈烈，也可以說是後來
居上了。1962年11月25日：

---

49 見《陳垣來往書信集》，頁796。

> 社會主義陣營，毛主席為領袖。資本主義陣營，肯尼
> 迪為頭子。赫魯曉夫，則肯尼迪之玩物耳，尼赫魯，
> 則肯尼迪之走狗耳，何足道哉！

這是當時官方天天宣傳的關於國際形勢的一幅圖像，顧先生耳
濡目染之餘早已照單全收。在這幅圖像中毛真是威風八面：整
個「社會主義陣營」不知何時都已叛離了「蘇修」，改投在毛
的麾下，而正在走向滅亡的「資本主義陣營」則祇剩下一個「頭
子」領著一個「玩物」和一隻「走狗」。端的是「何足道哉！
何足道哉！」但這不是顧先生一個人的獨特見解，而是整個中
國大陸的「共識」。試看下面的例子：1963年12月3日全體政協
委員都列席人代二屆四次閉幕式，聽鄧小平宣讀蘇共中央信。
顧先生記述這一幕，說：

> 今日蘇共忽給中共一信，呼籲停止論戰，蘇聯願意供
> 給中國石油及專家，蘇聯仍將以無產階級專政，反對
> 帝國主義。此真突如其來之轉變！可見肯尼迪死後，
> 赫魯曉夫失去靠山，乃急向中國投降，引起全場中無
> 數笑聲，正與上月廿三日宣布肯尼迪死耗之鼓掌聲相
> 應。

四、一九四九年以後的顧頡剛 ◎ 103

　　政協加上人代差不多將中國大陸上精英中之精英都網羅進去了，其中很多都是像顧先生一樣的績學之士，更有不少在西方受過高等教育的留學生。據顧先生收到的統計數據，當年人大代表平均年齡為五十五歲半，政協委員則為六十五歲（見10月4日的日記）。然而他們的世界知識、對於國際動態的理解和判斷、以及由全場笑聲所顯示的情感，平均不能超過五、六歲兒童的水平。如果不是顧先生在日記中偶然留下這條紀錄，後世讀史者不可能想像，二十世紀下半葉，中國高級知識人竟經歷了一個集體返老還童的階段。這部《日記》的史料價值之高，即此可見。

　　以上幾條史料都涉及毛的公共形象，還不足以充分說明顧先生對毛心悅誠服的深度。下面三條史料則完全是他個人的感受。第一是他在1963年12月17日，寫了一首〈祝毛主席壽〉的詩。詩曰：

　　　掃盡人間虎與狼，偉人偉略起東方。昆侖三截猶難盡，
　　　要把河山一擔裝。

這首詩是私下寫的，既不能發表也不敢冒昧寄與壽翁，自然可以當得起「言為心聲」的評語。「昆侖三截」句借自毛詞，分指歐、美、中國三個地區，但「偉人」的「偉略」則並不以此

為滿足。「河山一擔裝」即負擔起整個世界革命的大任,把蘇修也包括進來了。有了這首詩,我們便不得不承認他的「韶山頌」和「社會主義陣營領袖」等等都是由衷之言。第二、同年12月26日記:

> 今日為毛主席七十壽,闔家吃麵以祝。

全家吃麵祝壽更是真情流露了。據此條,可知今年特別有暗中祝賀活動是因適逢七十整壽。他和毛同齡,早七個月,恐怕也兼有自祝之意。我查過以後各年的日記,從1964起,每逢此日都在日記上題「毛主席生辰(朱筆)」字樣,但到1969年卻停止了。大概他已意識到,「反動學術權威」是不配為毛祝壽的。最後也是最重要的,是他1967年6月8日的記夢:

> 予夢見毛主席已不止一次,而昨夜之夢特長,毛主席來我家,溫語良久,同出散步。此固幻象,但足徵予參加運動十個月,對毛澤東思想已漸漸接受,思想改造已有端倪,彌可喜也!孔子以不夢見周公而自歎其衰,予今體已就衰而志則甚壯,是則聞道雖晚,當不至朝聞夕死,不措之於實用也。

他的夢是情感濃烈的結晶，前面已說過了。對於他所特別崇敬
的人如王國維、如梁啓超，他早年都曾在夢中相會過。在這文
革進行得火熱的歲月，毛當然已取王國維而代之。不過雖在夢
中，他還是有分寸的，昔年與王「攜手而行」，現在則祇敢與
毛「同出散步」。引孔子夢周公的爲比，在他自是表達了最高
的禮敬。但幸好這是在文革早期，若到了「批林批孔批周公」
的時期，這樣寫恐怕首先便要被張靜秋痛打一頓，然後向「文
革」小組檢舉了。無論如何，他與毛的關係最後在夢中結束，
倒是富於象徵意義的。

五、顧頡剛與譚慕愚

　　在最後一節中我要特別介紹顧先生和譚慕愚女士之間纏綿了五十多年的愛情故事。我讀顧的《日記》，從1924年開始，便為這個偉大的故事所吸引，以後《日記》中幾乎隨時隨地都是譚的身影。顧為她寫了無數的詩，也做了各式各樣的夢，其情感之濃烈，可想而知。遺憾的是，我所能看到的都是顧在《日記》中所提供的片面記載，對於譚的一方面，我幾乎毫無所知；後來雖找到了一兩條《日記》以外的資料，但都是關於譚在北大讀書時期的政治活動。至於譚對顧的感情究竟是怎樣回應的？她的內心又是如何感受的？我仍然是茫無所知。但僅從《日記》所見，譚已不失為一位出類拔萃的現代女性，而終日在故紙堆中出入又復謹言慎行的顧頡剛竟是一位浪漫的情種，更使我為之矯舌不下。如果不將這一段情緣揭示出來，我們便不可能看清他作為一個有血有肉的人的本來面目了。

　　1924年4月13日的《日記》載：

與介泉夫婦、緝熙及北大女生黃孝徵、彭道真、陶桓連、謝祚茝、劉尊一、譚慕愚遊頤和園、玉泉山，由彭君之兄及其同鄉何君領導。上午八點一刻出門，下午八點一刻歸，遊甚暢。

頤和園最佳處為諧趣園，前數次所未到也。竹影泉聲，清人心骨。予不到頤和園，已十年矣。今日與女子同遊，頗感樂趣。必像我輩無玩女子之心者，社交公開始可無弊。否則但以女子為犧牲耳。

這是他和譚慕愚初逢之一日。五十四年之後他在此條之末題詩並跋云：

無端相遇碧湖湄，柳拂長廊疑夢迷。五十年來千斛淚，可憐隔巷即天涯。
一九七八年九月六日，偶展此冊，不覺悲懷之突發也。因題詩於上，以志一生之痛。

寫詩及跋語時他已八十五歲高齡，再過兩年便下世了；他自敘五十餘年中為她流下了「千斛淚」，而兩人愛情終無結果則是他的「一生之痛」。持續了這樣長久的情感在二十世紀中國不能不說是一個極少見的奇蹟。1978年9月譚的「右派」帽子

還沒有摘掉，兩人雖同在北京，卻不能相見，這是最後一句詩之所指。

顧、譚往來最多的日子在1924年4月到1926年6月這兩年之內，以後便會少離多，主要靠通信來維持關係。下面我將就他們交往最密切的三個階段──即1920年代、1930年代和1940年代──分別點出他們情感發展的高潮。由於我的基本資料是這部《日記》，事實上真正呈現出來的祇是顧對譚的一往情深。顧先生在1943年曾自編一張「與健常往來年月表」，起1924，迄1942，頗便檢查（見《日記》1943年6月30日條末），因此下文將略「事」而詳「情」。順便說明一下1930年代後譚慕愚的正式的姓名是「譚惕吾」，而《日記》則往往稱她爲「健常」，也許是她的字或號。

顧對譚似乎是一見鍾情，交往十幾天之後他在《日記》上寫道：

> 以譚女士之疾，心甚不定。吾對她以性情上之相合，發生愛敬之心，今一聞其病，我之心攪亂乃如此，吾真不能交女友矣。（1924年月5月1日條）

同年6月21日條又記：

予與介泉言，如予者無資格入情場，而此心終不能自
已，纏綿悱惻，殆不可堪。思之良愧！自遊頤和園至
今日，才六十九日耳，乃覺有半年之久，時間之主觀
如此。

很顯然的，一縷情絲已把他牢牢地縛住了。這種一見鍾情之感
是怎樣觸發的呢？他自己有一段描寫：

予於同遊諸人中，最敬愛譚女士，以其落落寡合，矯
矯不群，有如幽壑絕澗中一樹寒梅，使人眼目清爽。（同
年4月29日條）

「落落寡合，矯矯不群」是一種孤高的風骨，顧自己也是如此，
也就是所謂「性情之相合」。一年以後，相知更深，他又有進
一步的分析：

予性有兩個傾向，一愛好天趣，二勇猛精進。好天趣
者，友人中如（俞）平伯、（葉）聖陶、介泉皆是，故甚
契合。惟勇猛精進者乃絕少，而不期於譚女士得之。
情思綢繆，非偶然也。（1925年6月24日條）

同年12月9日記云：

> 得譚女士覆書，知其肯納我言，極慰。她極勇猛，眼
> 光又甚銳利，如得專心為學，定可出人頭地。予交友
> 多矣，如我之勇猛而腍篤者極少見，而不期於女友中
> 得此同調。特其稜角太露，到處生荊棘，更使我傷悲
> 耳。

可知他最心折於譚慕愚的地方是她的「勇猛精進」的氣概。事
實上細讀1924-26的《日記》，我們發現：這兩年中顧、譚兩人
同在生命力最旺盛、創造力最輝煌的時期，不過前者的領域是
學術，後者則是政治而已。顧的「古史辨」運動即在此時躍起，
他那篇著名的〈自序〉是在譚離京前寫成的，她並且預讀過原
稿（見《日記》1926年3月6日及18日條）。她的國學基礎很好（見
《日記》1924年7月3日及21日條），最後入北大史學系也是接受
顧的鼓勵（《日記》1925年10月16日）。上引日記中「肯納我言」，
即指此，所以譚後來也一直把顧當作老師。但譚的志業在政治，
是當時一位熱血沸騰的愛國學生，下文將作交代。總之，他們
兩人都進入了「勇猛精進」的人生階段，彼此深相契合，是很
自然的。

　　他們最初交遊時，顧尚獨居北京，但同年9月18日他的續絃

夫人殷履安女士入都定居後，他的內心衝突便愈來愈掩蓋不住
了。他們是舊式婚姻，履安雖祇有小學畢業的程度，但特以賢
德著稱，內而持家，外而待客，無不情禮周到，是一位典型的
賢妻良母[50]，所以顧在《日記》中也常常自誓決不背負履安。
下面兩個夢最能說明他內心的天人交戰。1924年12月25日：

> 夢中見一人，昏夜中可近而卒不近，予謂之曰，「我
> 沒有法子和你好，你也不值得和我好，我們還是永遠
> 留著這一點悵惘之情罷。」醒來思之，不覺淚下。時
> 天未曉也。

夢中人當然是譚慕愚了。一個半月之後，同樣的夢又來侵擾他
了：

> 拂曉得一夢，與去年十二月二十五日所感略同。履安
> 外出，其人適來，遂與共候門。迄深夜而履安不至，
> 二人相對，極溫存，又極無奈。她道：「你感到興味
> 嗎？」答之曰：「妹，我不敢以自己的快樂而把你犧
> 牲了。」覺後思之，情意無盡。不期臥病之中，乃有

---

50 可參看錢穆《師友雜憶》中的描述，《全集》本，頁155-6；250-1。

如許閒情。（1925年2月11日條）

所以在整個第一階段，他們並沒有「談戀愛」，而且表面上還保持著相當的距離，女方尤其如此。1926年5月18日，他寫道：

> 慕愚來書，過於敷衍，使我不快。案頭文竹，漸漸枯矣，交遊之緣其將盡耶？三月十八日相對默坐兩小時許，其最後之溫存耶？思之惘然。

可知他們的感情表現僅止於相對默坐，彼此心中都盪漾著一絲溫存的滋味而已。這無疑是一種純精神的交流，也許接近所謂柏拉圖式愛情吧。

譚慕愚至遲在1925年已成為國家主義派（青年黨），在「外抗強權，內除國賊」的口號下，她參加了許多反帝國主義和反對共產黨活動，表現了大無畏的勇猛精神。顧先生在1925年6月7日的日記說：

> 《晨報》載三日遊行隊（按：即「五卅運動」）至東交民巷時，前隊（北大）遲滯不進，有女士二人徑前奪旗，曰，「時已至此，還怕死嗎！」大隊遂隨之而進。至柵門，門緊閉，乃高呼而返。彭女士言譚女士當遊行

至東交民巷時極激昂，《晨報》所言，或即是她。

十一日，譚女士來，詢之，謂即彼一人。

顧對譚的「勇猛」氣魄知之甚深，故讀報即認定奪旗而進者必有譚慕愚在內。他為譚的愛國熱忱所感，竟也拋下文字，參加救國運動。同年6月9日的日記說：

今晚譚女士來，面容憔悴，嗓音乾啞，聞自滬案起後，每夜至二三時始得睡，早五六時即起，在救國團日夜操勞。她身體本弱，向不能遲眠，今因國事如此，令人淚下。我為文字所迫，無時間作救國運動，明日教職員本擬不去，今日她來，使我不忍不去。

這並不是顧因情有獨鍾之故，刻意誇張她的勇敢與勞績。試讀聞一多在1926年的一段生動描寫：

前者國家主義團體聯合會發起反日俄進兵東省大會，開會時有多數赤魔潤入，大肆其搗亂之伎倆，提議案件竟無一成立者。結果國家主義者與偽共產主義者隔案相罵，如兩軍之對壘然。罵至夜深，遂椅凳交加，短兵相接。有女同志者排眾高呼，痛口大罵，有如項

王之叱咤一聲而萬眾皆瘖。於是兵慌馬亂之際，一椅
飛來，運斤成風，僅斷鼻端而已。女士嘗於五卅遊行
時，揭旗衝鋒，直搗東交民巷，故京中傳為Chinese
Jeanne d'Arc焉。此亦趣聞，不能不與同志言之浮一大
白也[51]。

聞一多當時屬於「大江社」，也是國家主義團體之一。信
中所言「女同志」即譚慕愚，可知她自上一年五卅遊行一役已
贏得「中國的聖女貞德」的尊號。何以知此女即譚，李璜記述
1926年3月10日去北大三院大禮堂召開的「反俄援僑大會」云：

主席台係從後面上台，因之主席台後門必須把守，最
為重要。於是我派台灣籍北大同學團員林炳坤與譚慕
愚守主席台後門，因林身高力大，而譚係北大女生，
當時風氣，對於女子，尚不敢亂下拳頭。我兩次參加
遊行，察知軍警也不敢捉女學生，而首次聞一多主席
之反日俄進兵東省大會籌備會，亦譚女士大呼幾聲便
嚇退共黨也[52]。

51 致梁實秋、熊佛西函，收在《聞一多全集》（上海：開明，1948），第
　　三冊，庚集，頁40。
52 見李璜，《學鈍室回憶錄》（台北：傳記文學社，1939），頁127。

與聞函相對照，即是同一人，絕無可疑。這次大會主席李璜最後也是靠「譚慕愚女同志以身護之」，才沒有被共產黨一邊的人打傷。（同上，128）

　　合讀以上三種來源不同的資料，則譚慕愚在當時北京救國運動中為一叱咤風雲的人物，已清晰地呈現在我們的眼前。難怪顧先生對她如此傾倒了。

　　第二階段的交往在1930年代，顧任教北平燕京大學，譚則供職南京政府內政部，南北互訪，時復一遭，彼此之間的情感深化了。「與健常往來年月表」1928年條云：

> 予在廣州，暑假中得高君珊女士信，悉健常在大學院作科員，不幸以黨案被捕入獄，囑予營救，予因致長信與蔡子民、戴季陶先生，並發電，請其營救。與健常一函，託君珊轉交，彼得此大哭，來書有「最知我者惟先生」之語。出獄後，東渡日本，學於東京高等女子師範。（是年未見面）

　　經過這一次患難，譚對他的「知己」之感自然加深了。當時國民黨實行「一黨專政」，不僅共產黨已成非法組織，反共的青年黨也同樣在取締之列。所以譚被捕入獄。此案消解後譚才能正式進入內政部工作。

1931年1月顧先生到南京訪譚，這是久別後很重要的一次晤面。頭一天在火車上適逢大雪，他已心中忐忑不安，賦詩曰：

> 一天風雪冷難支，為約伊人不改期。我願見時便慟絕，
> 勝留餘命更生離。（1月9日條）

第二天會晤後記：

> 不見慕愚，一年半矣。情思鬱結，日益以深。今日相
> 見，自惴將不止隕涕，直當暈絕。乃覿面之下，塵心
> 盡滌，惟留敬念。其丰儀嚴整，消人鄙吝可知。今日
> 天寒，南方詫為數十年所未有。彼為我買炭，手撥爐
> 灰，竟六小時，我二人在一室中未曾移席。嗚呼，發
> 乎情，止乎禮，如我二人者殆造其極矣。（1月10日條）

可知譚慕愚自有一種高華的品質，使顧的兒女情懷昇華為「敬念」，孔子所謂「晏平仲善與人交，久而敬之」，也許便是指這種精神境界。一個多月後他去北平整理譚慕愚歷年寫給他的信，對於她發出了高度的禮讚：

> 民十三（一九二四）迄今，慕愚寄我函件得九十三通，

有許多未填寫日期者，須考定其事實及所用函箋，頗
費事也。將慕愚寄我的信通看一遍，其人格直如晶瑩
之寶石，有良心，有志氣，有魄力，洵為超群軼倫之
材，而頻遭夜行者之按劍，世無真知，我自憬為九方
皋矣。

慕愚性格，備具男性的勇敢與女性的溫存。故有堅決
的意志與濃厚的同情心。上月我與之談，謂我欲造成
人才而別人詆我利用青年，我欲提倡學術而別人詆我
好出鋒頭。彼云：「假性情人是必不能瞭解真性情人
的。」她所以知我為真性情，正因她自己是真性情耳。
（1931年2月22日條。按：關於他們兩人性情的異同，
他後來作了一個詳細的比較表，見1935年4月10日條）

　　由於顧先生對譚的愛情在無可奈何的現實中提昇到了純精
神的層次，他在這次六小時的撥灰長談後，想出了一個「精神
之結合」的方式，1931年2月4日他記道：

久欲寫慕愚信，今日忍不住了。信中勸其向世界史及
中國國民生活兩方面著力，將來好與我共作一部中國
通史，我任上古至清，她任鴉片戰爭以後至現在。要
是這個工作真能作成，我二人精神之結合將歷千古而

> 長存,不勝於百年之伉儷乎!只要她能答應,我的不
> 安靜的心就可安靜了。

這是一封二千餘言的長信(見2月5日條),竟很快收到積極的反
應。2月17日:

> 得慕愚書,承受了我的要求,自接信日起,每日抽出
> 三四小時讀書,並作筆記,先從滿蒙新疆西藏等問題
> 做起。俟見解成熟,再作論文以鍛鍊發表能力。為之
> 大慰。只要她的學問有成就,我的生命也就有意義了。

這裡值得注意的是:譚慕愚對邊疆問題的興趣此時已開始,後
來更親往綏遠考察,並代內政部長寫《內蒙之今昔》。這些活
動直接影響到顧先生的研究方向。他告訴我們:

> 廿二年(一九三三)秋間健常隨黃紹竑到北平,旋赴綏
> 遠,商議內蒙自治問題。過平時,健常曾至燕大我家
> 一宿。自綏遠歸,又至燕大講演,予受感動,遂有研
> 究邊疆問題之志。(〈與健常往來年月表〉)

甚至他最後決定到北京大學兼上古史課也是因為譚慕愚的

關係。1931年5月9日條記：

> 張西山君轉到健常信，悉健常以到內政部逾半年，例
> 須由銓敘部審查資格，而渠已改名，恐北大預科畢業
> 證書無效，囑我向蔣、胡二先生言之。然我以耽遊覽，
> 來濟（南）已逾期，審查期亦已過，悵甚。即寫夢麐先
> 生信，答應下學年在北大兼課事，請其即速證明健常
> 資格。

為了代譚慕愚取得證明書，他不惜改變初衷，進入北大這塊「是
非之場」。胡適和傅斯年大概萬萬想不到，他最後答應來北大
歷史系兼任是出於這樣的動機吧。所以僅就譚對他的學術生涯
所發揮的作用而言，研究顧的生平而不涉及譚，幾乎是不可想
像的。

　　在第二階段中，顧、譚交往的事蹟很多，不能在此一一涉
及。下面祇談兩次比較有趣的聚會：第一是1932年顧先生面臨
失戀危機的情感波動；第二是1934年他們在西湖的唱和。

　　1932年1月下旬顧從北平回蘇州省親，先在南京下車訪譚。
和一年前一樣，他又忍不住心潮起伏，不知道應該怎樣向戀人
傾吐滿腹離恨與相思。他在車中賦詩兩首：

是樂是哀渾莫知，別期似暫又似遲。百千量度都須廢，
只此愁心不可移。

只緣思極心翻木，更以情多見總羞。拼把吾生千斛淚，
年年倒向腹中流。（1月22日）

第二上午他興沖沖地去探望譚慕愚。日記說：

十一時，到政部訪健常，與之同歸其家，吃午飯，見
其父母、妹及黃一中。（下略）

他在日記之末寫下對此聚的感想：

黃厚端，字一中，黃克強先生之次子，日本留學生，
在內政部參事室任事。健常與之同事，且同鄉，甚相
契合。今日同在譚家吃飯，覺其人非浮夸之流，深喜
健常之有託。予極愛健常，顧我義不當與之接近，且
不願彼為我而有痛苦，八年來之交誼率在躲躲閃閃
中，未嘗一自表白。予既不能施愛，復不望彼之受愛，
故今日之聚，一方因以自悲，但一方亦甚為彼幸。且
彼之得有安慰，即足使愛彼者亦得安慰，復何恨焉。
所惘悵者，從此友誼不得繼續，即此躲躲閃閃之機會

亦不易得耳。(1月23日條)

原來他乘興來訪，忽然發現所歡已為同鄉而兼同事的黃一中橫
刀奪走，他此時心中滋味，可想而知。日記上的感想寫得理情
俱到，但其實不過是一種理智層面的自解(rationalization)而已，
情感上則完全是另一回事。十一年後(1943)他回憶此會，餘恨
猶在。他說：

> 一月，予南旋，訪健常，承邀至家吃麵，時黃一中君
> 在座，頗相諷刺，予怫鬱歸。廿七日抵杭，翌日而滬
> 戰作(按：「一二八抗戰」)，予遂留杭。以此芥蒂，
> 夏間北行時遂未往訪。(〈與健常往來年月表〉)

當時座上受黃一中冷言冷語的譏嘲，一定深深刺痛了他。日記
上不寫，正見其情感上創傷之重，故避之唯恐不及。第二天他
痛定思痛，找到了更多的蛛絲馬跡，證明伊人的心已變了。他
說：

> 昨在內政部時，健常云，「下午要不要找謝祚茝去？」
> 予聆此言，即覺空氣突變。及至譚宅見黃君，始恍然。
> 今日果與祚茝同遊矣。白門兩度新年，竟是兩種景色，

令我長喚奈何。今晚歸寓，館役以健常及其父所贈蘋
果一簍、橘子一簍、荔枝一匣、桂圓一匣進，謂於下
午二時送來，以我不在，約晚間再來。予在寓待之，
終不至，益知其情矣。對此贈物，只是呆視。噫，橘
其決耶？荔其離耶？然有桂圓，似猶有望也。予之希
望築在迷信上，亦無聊甚矣。然情之所驅，固不容不
爾。且讖語實有奇應。予去歲住交通旅館，門外有「別
苑」一額。予默禱而卜之於《易》，得「黃離元吉」
一爻，兩占皆然。今彼果有黃君之麗矣。予亦果與之
別矣。繼今以往，不知天之安排我與顛倒我者將如何
也？

他仍不死心，以至在讖語中找希望，這是顯然可見的。但他最
後分析譚何以終於棄他而去，則歸結到他不能決斷，不肯離婚：

予與健常交凡八年，可括以二語曰：「行乎情之所不
得不行，止乎義之所不得不止。」此所謂義，當然是
時代的。若社會組織既變更，彼不致因此而感情痛苦，
且不致害別人，使別人為我而受痛苦者，我又何所畏
乎！廿三日，圍爐討論國事，健常曰：「若處處審慎，
顧忌太多，必不能成事。」此固論政府之不敢主戰，

> 或亦用以譏予。噫，予心之苦，健常安得知之乎！（我
> 儘能打破舊道德，但終不能打破我的同情心。）（1月24
> 日條）

這段文字中的「害別人」、「同情心」等都是指他的夫人殷履
安女士而言。他的愛情已奉獻給譚了，但對教育程度不高而忠
心不二的妻子他卻割捨不下。其實這段分析很可能是他疑心生
暗鬼，與譚的真實想法未必合得上。無論如何，他這次嚐到了
很深的失戀的痛苦，然而他還在繼續掙扎，不甘全軍盡墨。1月
25日回到蘇州之後，日記上說：

> 今夜寫健常信，謝其贈物，且試探其此後是否不再與
> 我通信。如其不來，我亦決不做討厭人，擾亂他們的
> 和平空氣，惟默為祝福而已。

但是最後譚並沒有嫁給黃一中，甚至譚、黃之間是否有過一段
情緣，現在也找不到任何證據。所以這一不愉快的經驗很可能
是顧先生因愛生妒而作繭自縛。1933年以後他和譚又回到了原
來的情感軌道。

　　1934年8月顧先生的繼母在杭州逝世，全家南下奔喪，在杭
州陪伴父親住到11月底。恰好在同一時期，譚慕愚也奉內政部

之命到杭州考察浙江經濟和行政,並為部長黃紹竑起草《內蒙巡視記》,在西湖住了一個月左右。譚因為時間匆迫,恐趕不及完成寫作,再三求顧相助,因此他也參加了這一工作。這一段時間他們的來往是異常密切的。但無論是遊湖或工作,都有其他人參與其間,似少單獨相處的機會,這樣的聚會對他反而是痛苦多於歡樂。10月4日的日記說:

> 與起潛叔(按:顧廷龍)、自明同到第一公園,雇車到俞樓,邀健常同遊,到嚴莊、放鶴亭、平湖秋月、三潭印月、汪莊,到高莊吃飯。……與健常別,抵家已七時矣。
>
> 今日得與健常痛快遊覽一天,心神愉樂,一暢數月之愁鬱。但分手之後,即覺百無聊賴,轉較彼未來時之愁鬱為甚。噫,既已有情,便當非離即合,今乃介於非離非合之間,此痛苦殆未易道也。

他把這種受壓抑的情感比之於「相見怎如不見,有情還是無情。」(10月9日條)他有時甚至硬起心腸暗暗喊道:

> 唉,健常,你歸去罷,我的感情已不能勝這痛苦了!
>
> (10月8日條)

　　但另方面，他看到譚慕愚憂慮日本對於內蒙古的野心，日
以繼夜地努力工作，又十分受到感動。他對譚的敬仰又加深了。
日記中說：

> 健常真是一個人才，有眼光，有志氣，有魄力，有瞻
> 量。予交遊彌廣，而可以與謀大事者甚寡。得此一人，
> 又受性（別）的阻隔，真當搥胸一慟。（10月7日條）

這時他竟恨不得譚是男性，可以和自己「與謀大事」；他的「事
業心」被激起了。與譚同來西湖的還有一位夏葵如，《日記》
介紹他：

> 夏葵如君，北大同學，十四年救國團中，與健常同任
> 文書，為共產黨分子所攻擊。日前與健常同來，住俞
> 樓中層，助健常編纂《內蒙巡視記》。（10月19日條）

夏葵如即夏濤聲（見〈與健常往來年月表〉1934年條），他此時
是否也在內政部工作，尚待考；但他已成為青年黨第二代的重
要幹部，1933年即已具有該黨中央委員的身分[53]。從譚、夏合作

的事來判斷,則譚的國家主義信仰依然如故。《內蒙巡視記》
便是譚、夏、顧三人共同撰成的。《日記》又說:

> 健常心底悲哀,時流露於篇什,慰之無從,使我更增
> 鬱抑。彼幸有事業心耳,否則體必不任。彼作事太刻
> 苦,不要休息。而為我去,又欲伴我遊,真使我抱愧。
> (11月2日條)

所謂「流露於篇什」即指詩而言。可知顧在西湖作詩特多是由
譚引出來的,所以西湖唱和成為他們心靈交流的主要方式。10
月20日的日記:

> 健常示近作云,「人事紛紜苦不休,暫停征馬到俞樓。
> 此心已為飄零碎,怕看西湖處處秋。」嫌其蕭瑟,和
> 之云:「一天風露且歸休,莫以傷時怕上樓,度盡寒
> 冬花即發,何須重淚對清秋。」

又10月23日:

> 今日健常誦昨作一詩,其末二句云:「明知花事隨秋
> 盡,猶弔嫣紅姹紫來。」葵如說:「這太消極了。」

我説，「『弔』字換了『待』字吧，這一來便變得積極了。」歸後因成一詩云，「莫將閒淚付秋思，大地春回已有期，試上逋翁亭子望，梅林待發萬千枝。」又作一詩云：「夜夜西泠對玉盤，莫將圓缺定悲歡。勸君煉得女媧石，便補天傾也不難。」題為「莫將」，以表規諷之意。實在説來，健常之生活實為可悲，惟這一方面我決不能加以安慰，故唯有作壯語以激勵之耳。

10月24日：

晨在車上得一詩贈健常，云，「朝朝祖逖聽鳴雞，羞説回文蘇蕙機。取法英賢原不遠，岳王墓在俞樓西。」蓋彼患早醒，恆早四時即無眠也。

這是勉勵她效法岳飛，期待之高可見。10月25日：

又續作〈莫將〉二首。一云，「漫漫平原漸漸津，莫將琴劍怨飄零。天涯須是飄零夠，始把人生識得真。」一云，「同聽邊關笳鼓聲，莫將痛淚灑新亭。肩頭自覺堅如鐵，要把河山一擔盛。」

顧作〈莫將〉四首及車中一首都針對慕愚「明知花事隨秋盡，猶弔嫣紅姹紫來」兩句而發，故作壯語以慰其懷。可知原詩決不是悲秋之作；「花事盡」乃傷中國或將亡於強鄰也。譚救國心切，仍與十年前之「聖女貞德」無異，惟壯懷激烈已轉換爲中年的沉憂而已。我要特別請讀者注意「要把河山一擔盛」這句詩，與前引1963年〈祝毛主席壽〉的末句全同，不過因押韻的關係，改「盛」爲「裝」，然而意義卻不可同日而語。〈莫將〉中的「河山」僅指中國，救亡的擔子也落在匹夫匹婦的肩上，如譚、如顧都能當下承當。〈祝壽〉的「河山」則已擴大到整個世界，祇有唯一的「偉人」才能擔當得起「解放全人類」的大任。我最感興趣的是，他寫〈祝壽〉詩時是有意借用舊句呢？還是早已將舊句忘得一乾二淨了呢？但這是一個永遠找不到答案的問題了。

曲終人散之際，離愁終於爬上心頭。11月3日記：

> 前日健常作詩曰，「北風怒發屬於刀，萬壑千峰盡痛號。可惜離人心底恨，不曾削得一分毫。」

自稱「離人」自然有惜別之情，但是她的「心底恨」恐怕還是以「國恨」爲多。此譚慕愚之所以爲譚慕愚也。對照之下，顧先生則流露出更多的兒女情長。11月7日記：

將二日看楓事寫成三絕：

秋到人間且莫嗔，初涼景物勝於春。乍將夕照凝紅樹，
忽有金風舞白蘋。

姹紫嫣紅垂盡時，青楓正是轉丹期，似憐飄泊悲秋客，
故故招邀去折枝。

摘來紅葉納書囊，如此深妍好久藏。過卻十年重檢視，
依然顏色壓群芳。

健常聰穎，必知予之懷也。

「看楓」事的背景如下：

湖上中山公園門內有楓樹兩枝，紅葉之艷，所未經見，
健常極賞之，徘徊而不忍去。（11月2日條）

這大概是譚、夏、顧三人在工作之餘常常結伴遊賞的地方。第
一首是勸她不要「悲秋」，第二首仍回到慕愚「花事盡」之句，
「青楓轉丹」既可代「嫣紅姹紫」，則秋亦復可賞，末句可有
兩解：丹葉「似憐」慕愚這位「悲秋客」而「招邀」之，一也；
顧參加寫作爲譚再三「招邀」所致，則受「招邀」者即詩人顧
頡剛本人，二也。這是故弄狡猾，利用詩的「曖昧語義」
（ambiguity）而作模稜兩可之辭。若依第二解，則「折枝」更有

深意，即所謂「有花堪折直須折，莫待無花空折枝」矣。第三
首以「久藏」之「紅葉」喻慕愚尤爲明顯，自1924年初識至此
整整十年，而詩人心中更無他人。此詩必須與1931年4月20日一
條日記合讀，其涵義始得全幅展露：

> 車中追憶一月中晤健常時，渠問曰，「近年有好的女
> 弟子嗎？」因成一詩記之，「樽前溫語叩從遊，欲吐
> 衷情又咽休。舊恨苦多心苦窄，更無餘隙種新愁。」……
> 其實，我心頭要說的話，是「除了你外更無別人」。
> 所謂「美者自美，予不知其美也」。

所以能「壓群芳」者，正以不知群芳之美也。

11月9日已至曲終人散的前夕，顧先生寫了六首詩爲此次西
湖聚會的紀念。茲分寫於下，略加解說，作一結束：

> 黌宮燈火景山煙，往事依稀已八年。別後悲歡何可說，
> 忽然相遇合相憐。

第一首從顧、譚北大訂交始，回憶故都舊遊。譚慕愚應青年黨
之召，於1926年6月28日離北京，赴重慶任第二女子師範學校教
務長（《學鈍室回憶錄》，頁145）。行前一夕與顧先生全家同遊

北海，至此已整整八年。

　　黑水白山劫一空，憂心無日不忡忡。北疆又報蕃王變，
　　為發輶車破朔風。

此詩前半指1931年9月18日瀋陽事件，日本侵佔東北，國難開
始。下半指1933年日人籌劃在多倫召開蒙古會議，邀請蒙古王
公參加。同時蒙古德王等也要求自治。危機緊迫，譚慕愚隨內
政部長黃紹竑等同往內蒙巡視[54]。

　　製就長編十萬言，要從筆底固邊藩。幾回寫到傷心處，
　　彷彿遙聞啼峽猿。

此首專敘《內蒙巡視記》的撰述過程，譚慕愚亦曾數度哭泣也。

　　四鄰虎視久耽耽，國力空虛祇自慚。斫地長歌悲塞北，
　　禱天莫賦哀江南。

54　見譚惕吾1933年12月14日在北平燕京大學之講演，收在《日記》1933
　　年12月31日條末。

「四鄰」實指日本與蘇聯。前者既佔東北，又滲入內蒙，後者則既已控制外蒙，又復覬覦新疆。此時唯有希望南方不致邊臨危境而已。

> 宋家宮闕久成塵，獨有岳王廟貌新。聯袂同來松柏下，
> 正為識得古人心。

杭州即南宋之臨安，亡於蒙元；岳墳離俞樓不遠，他們當天便在岳墳附近吃飯，詩或即作於其地，故相勉以岳飛之心為心。

> 今日三人步履隨，明朝三道便分馳。臨岐相顧無他語，
> 砥柱橫流責勿辭。

「三人」者，共撰《內蒙巡視記》之譚、夏、顧也。這是最後一首詩，歸結到「砥柱橫流」，足見在這次合作中他的愛國豪情完全被激發出來了。這一天日記之末，他又說：

> 予本有一詩云，「媚人碧玉西湖水，落日黃沙大漠風。
> 並落俞樓几案上，只緣我輩忽相逢」，欲以題照，因
> 健常有「西湖朔漠兩般秋，盡向俞樓硯裡收」句，較
> 此佳，即棄之。

譚詩兩句極為凝煉,遠非顧詩之鬆散可比。珠玉在前,顧先生自甘斂手,良有以也。《日記》中引譚詩太少,是一憾事。然僅就此寥寥數首已可見其才情功力之一斑。

縱觀西湖一月之聚,顧先生心態有一顯著的變化:最初六、七日共遊,他為私情所困,苦惱之至;但最後兩三星期共同撰寫《內蒙巡視記》,他的心態轉換了,私情已退居次席,救國之念主導了他的情感。像1931年一樣,譚慕愚再一次發揮了「消人鄙吝」的精神力量。

1923年夏天,胡適在西湖煙霞洞養病,住了三個多月,和他的表妹曹珮聲之間發生了一段感人的戀情;胡寫了許多詩,題作《山月集》,後來沒有正式印出,詩多散佚了[55]。十一年後顧頡剛和譚慕愚也在西湖俞樓有此一番唱和的因緣,真是先後輝映。我覺得顧、譚聚首為西湖增添了一段佳話,故略記其始末於上。

前面已指出,顧、譚的情感在第二階段中深化了。但是從另一方面看,雖在這一深化階段顧也未曾與譚真正「談」過戀愛。1931年1月24日他在《日記》中說:

予與慕愚一段情懷,從未道破,近日頗有箭在弦上,

55 見〈山中日記〉,收在《胡適日記全集》第四冊。

> 不得不發之勢。今晨醒來,天尚未明,思欲作書致之,
> 以極簡單之詞約之曰,「我二人相逢已晚,無可奈何。
> 然此世俗之常情,萬流所共趨。以吾輩個性之強,自
> 當超出恆蹊,別求慰藉。」終慮攪亂其心,不敢書也。

這已在他和譚南京重會晤的兩個星期之後。當時他們兩人「在
一室中未嘗移席」至六小時之久;然而仍「未道破」,所以他
極以「發乎情,止乎禮」自豪。在整個第二階段,顧對譚的「情
懷」都是通過一種「心照不宣」,或「相視而笑,莫逆於心」
的委婉方式表達出來的,詩也是其中一個重要的媒介。如果借
用〈蘭亭序〉的語言,我們可以說,他和譚始終都自限在「晤
言一室之內」的範圍,卻從不敢「放浪形骸之外」。這位「五
四」健將受傳統禮教的拘束之深,實出人意表。這又再一次證
實了傅斯年的反思:「我們的思想新、信仰新……但在安身立
命之處,我們仍舊是傳統的中國人。」

但是「發乎情,止乎禮」含著高度的壓制性。禮教構成「超
我」(superego)的一部分,在顯意識中發揮檢查功能,使「自我」
不敢輕越雷池半步。然而睡夢中的潛意識則往往不是「超我」
的檢查所能遍及的。「夢魂慣得無拘檢,又踏楊花過謝橋」,
「發乎情」便未必能「止乎禮」了。下面讓我們看看他在第二
階段的三個夢。1932年4月2日:

晨五時許，夢見慕愚全家避難至予蘇州家，予留之。
設三榻，其父東，其母西，慕愚中。予乃與慕愚同臥，
然不及於亂。時慕愚正作中西交通史畢業論文，予助
其集材，篇中稱「顧師」云。此夢甚長，幾歷一小時。
嗚呼，僅夢中許作此溫存乎！夢中又見燈甚多，鏡甚
多，不知主何讖。將謂如鏡中花、燈中焰之易滅乎，
然此心此志則不易滅也。將謂明鏡反映燈光，使其愈
昭明乎，是固予之願也。

這場夢做在他的「失戀」期。1月23日他在譚家午餐，第一次見
到慕愚的父母，同時也遭受到黃一中的「諷刺」。這當然是他
忘不了的日子。夢中父母同來也許是下意識裡他希望得到他們
的偏愛，因而攜女來訪？但「與慕愚同臥」則是首次在夢中出
現，初步突破了禮教的防線。另外兩場夢則同發生在1934年，
一在西湖唱和之前，一在其後。1934年7月24日：

昨晨夢與健常同遊西北，予與同室，睨其睡，彼一笑，
予亦一笑，心大動。忽念予堅苦自持十一年矣，不能
敗壞於今日，遂就別榻。繼聞他人皆捨我等而先行矣，
一怒而醒。予久不夢健常矣，今猶如此，足知情之牽
纏，至今未減也。

此夢已比前一次大大地跨前一步,從「不及於亂」躍進到「心大動」的境地了。但「超我」尚有些微約制力,終於在夢中懸崖勒馬。

最後一夢則在西湖別後兩星期之後,同年11月25日:

> 晨三時,夢見健常與予同床,彼起溺,旋就睡,呼予曰,「盍捫予乎?」余如其言,告之曰,「我一向以理智壓感情。」語未畢,彼怒曰:「弗爾,若然,我不將為娼妓乎!」予急謝之曰:「予所欲言者尚未畢,予雖一向以理智壓感情,但至今日而已失敗矣!」言至此,瞿然而醒。時涼月半床,旬又八日之夜也。回味夢境,惆悵不已。十一年來,此是第一回夢中定情。

第一次「夢中定情」,禮教的堤防終於完全崩潰了。由此也可見西湖一個多月相聚,雖然共同的關懷是國家的危難,但至少從顧這一方面說,他對譚的感情已發展到毫無保留的地步。夢中違禮的尺度恰好可以測量醒時情感的進度,所以從「不及於亂」到「心大動」,最後歸宿於「定情」,層次井然。如果再以第二階段的三夢與第一階段的二夢互相對照,其階段性的差異便更不可掩了。最後我必須鄭重指出,以上的分析完全以顧的《日記》為根據,其片面性是無可避免的。至於譚的一方面

是否在情感上也有相應的進展，由於全無資料可依，則祇能存
而不論了。

　　第三階段祇有一件大事可說，即顧於殷履安女士死後，正
式向譚慕愚求婚，最後竟遭到拒絕。這件事必須從履安逝世說
起。1943年5月30日的日記寫道：

> 二時半，履安氣漸促，至二時五十分去世。（下略）
> 今日一到家便見履安暈厥，然打強心針後轉醒，神智
> 甚清，問予是否今日歸，並囑自珍（按：顧之次女）為
> 予理床席於其室。並謂予已要開會（六月一日邊疆學
> 會），何遽回來。自珍欲為量熱，又謂身正發冷，量亦
> 無用。方喜轉機，孰意一轉瞬間竟撒手而逝哉！履安
> 與予結縭整整二十四年，今日乃永隔幽明，忍之痛絕。

　　殷履安自嫁到顧家之後，為顧先生先後侍奉祖母與父親，
撫育前妻遺下的兩位女兒（自明、自珍），對顧本人的生活更是
照顧得無微不至。試看當此彌留之際，她對丈夫外面的事業和
家中的起居仍然想得十分周到。顧先生在她死後編了一個〈予
與履安同居年月表〉（見同年5月31日條末），稍一檢查，即可知
她在這二十四年的婚姻生活中是多麼任勞任怨。所以顧先生對
她的死是非常悲痛的。6月19日記：

> 得肖甫(按:趙貞信)信,謂崇義橋所中諸人聞履安耗
> 皆唏噓不置,蓋履安之賢德有以深入人心也。予覽此
> 亦為一哭。

崇義橋即齊魯大學國學研究所之所在。7月27日:

> 徵蘭(按:他的第一任妻子,姓吳)之歿,予僅哭兩次,
> 一氣絕,一入殮耳。獨至履安,則一思念輒淚下,今
> 日又哭出,她對我實在太忠心了,叫我如何不想她!
> 今日與伯稼談履安事,又出涕,看《浮生六記》中記
> 逝一章,又泣不可仰。噫,我心真碎矣。

8月1日記:

> 憶祖母死後雖有家庭之變,而有履安輔相,精神上尚
> 不大難堪。今履安死,則「臣無以為質矣。」有生以
> 來,從未有如此之傷心者也。

1944年5月19日是履安逝世的陰曆週年,請高僧來為她作超荐道
場。日記中又說:

> 今日作法事時，二十六年中一幕幕之家庭情況映現予
> 腦，履安克勤克儉及待余敦篤之情活躍幕上，使予又
> 淚下不止，靜秋以巾授予，為之濕透。噫，予何能對
> 不起她，而煩兩女之懸慮乎！

我詳引顧先生對履安的深切悼念是要為他向譚慕愚求婚提供一種理解的背景。他在履安死後十六天便寫信給譚求婚，無論就人情或習俗說，都未免來得太快，好像對死者過於無情。然而事實具在，他對履安的情感是十分真誠的。但是另一方面他和譚慕愚的精神契合也已二十年，發生了另一種情感。這兩種情感之間當然存在著衝突，因而在他心中造成了長期的痛苦。1932年1月，他因疑心譚將棄他而去，曾感慨萬千地說：「予心之苦，健常安得知之乎！」這句話便是情感衝突的明證。試問：如果不是他對履安也懷著深厚的情感，此「苦」又從何而來？所以自1924年以來，他一直在這兩股情感中掙扎。但這並不是所謂「傳統婚姻」與「現代愛情」之間的衝突。事實上，在這一「安身立命」的緊要所在，他仍然沒有跳出中國傳統的樊籬。1919年7月28日他寫信給新婚不久的殷履安，鼓勵她自修，將來可以和他站在同一層面上進行學問上的交流。他說，這是他一向羨慕的「以伉儷而兼朋友」的樂趣（《顧頡剛年譜》，頁51）。他所引的這句話，出於章學誠的〈婦學篇〉。章氏指出，

最理想的男女結合是「以夫婦而兼朋友」，但在歷史上，這樣的例子很少，因此士大夫往往在伉儷之外別尋所謂「紅粉知己」，即精神上契合的女友。在顧先生的理想尚未實現之前，譚慕愚已闖入了他的生命，「伉儷」與「朋友」終成二水分流。前面已引過他提議與慕愚同寫「中國通史」的信（1931年2月4日），他當時說：

> 要是這個工作真能作成，我二人精神之結合將歷千古
> 而長存，不勝於百年之伉儷乎！

很清楚地，他和履安是「伉儷」，和慕愚則是「精神之結合」，二者之間雖極其緊張，但可以並存。通過章學誠，他在中國文人傳統中，找到了精神的根據。下面是他求婚失敗的過程。

1943年6月13日：

> 今日到江邊送文珊，而遇健常，太巧了。健常將於下
> 月初到甘、青、寧、綏四省視察新縣制及戶政，獨身
> 行，往返期五個月，勇敢可佩。渠於端節返北碚，聞
> 衝晉言，乃知履安逝世。今日來弔，係由陳家橋乘汽
> 車至歌樂山，坐滑竿至磁器口，乘輪船到柏溪，往返
> 二百里，使我不安，然亦藉此得知彼對我無異於前也。

年來少通音問，更鮮見面機會，今日得聚，使予又以
興奮而致失眠。

慕愚次日去後，他第二天（6月15日）便開始寫長信求婚。他說：

> 予與健常鍾情二十載，徒以履安在，自謹於禮義，此
> 心之苦非他人所喻。今履安歿矣，此一幅心腸自可揭
> 曉，因作長函寄之，不知被覽我書，將有若何表示也。
> （此事本當少遲，以彼將有遠行，不得不速。）

這封信一直寫到6月20日才完畢。日記中說：

> 致健常信抄畢，共計十長頁，每頁四十餘行，行二十
> 餘字，約共九千四百字，算是我近年的一封長信，把
> 我三十年來不能揭開之生活小史都揭開了。此函共寫
> 六天，如無自珍之病則四天便夠了。

他自己也感到這封信寫得太早，但因慕愚即將遠行，不得不爾。
在這封萬言書中，他大概把累積了二十年而「從未道破」的「情
懷」都傾吐出來了，所以信才寫得這樣長。但26日譚的回信到
了，反應卻完全出乎他的意外。日記上說：

> 今日上午十時得健常信,態度甚冷,使我幾暈。彼如
> 何如此忍心?無意耶?弄狡獪耶?在柏溪時,折紙作
> 兩鬮,一書譚,一書他姓,置於掌,祝而搖之,三次
> 皆得譚。今夜復作兩鬮,一書成,一書不成,則三次
> 皆得成。果爾,則健常此函特試我耳。

顧先生不僅一往情深而且一廂情願,回信明明「甚冷」,他卻
寧肯相信拈鬮,最後竟得到「特試我耳」的結論。因此一連兩
天他再接再厲,繼續寫信。6月27日的日記說:

> 晨三時半醒,想健常事,意不能自遣,天明即起寫信。
> 看今明兩書達到後,彼將作何答覆。

大概是由於思念太切的緣故,意中人竟入夢來。6月29日:

> 未睡,夢健常來,予臂挾《辭源》一冊,與之偕出。
> 何以挾《辭源》?殆為予與彼有講不盡之話乎?夜作
> 四鬮,一書譚,一書非譚,一書成,一書不成,而三
> 得「譚不成」與「非譚成」,疑此事了矣,天乎天乎!

這次拈鬮倒是應驗了,但由於過於一廂情願,他釋夢卻離題萬

里。如果他的頭腦靈活一點，他應該可以立刻想到：《辭源》者，譚來告「辭」也；此是「辭別」之「辭」，非「言辭」之「辭」。第二天譚果來「辭別」了。6月30日記道：

> 健常來，同到金剛吃茶、飯。談一小時。
> 午間健常之來大出予意外，渠云，為我想，須有子。為彼想，彼是一活動之人，不能管理家務。把她心中問題直接說出，反使予放心。予必設法，使彼此間相成而不相妨。

顧先生真是情癡，硬是不到黃河心不死。在譚7月27日去西北之前，他又趕著作出一次巨大的努力。7月25日記：

> 到典試會，抄致健常函四千字。此函凡一萬三千字。

這是比上次萬言書更長的一封信，所費心血和時間可想而知。7月26日：

> 將致健常書覆看一遍，出，打長途電話與健常則已行矣。
> 今日欲將致健常信寄出，而不和其何在，因打電話到

內政部，則渠於今早進城矣。及晤鏡吾，知數日前渠
自城回部，車經歌樂山，僅下車與彼一談，謂「事太
忙，顧先生處不能去，以後通信罷！」鏡吾知其飛機
期為二十七，則今日進城便逕赴西北矣。渠事固忙，
然三次經歌樂山而不一來，又不寄一信，其有取瑟而
歌之意耶？若然，則予既喪賢妻，復失良友，倒楣透
頂矣！為此，下午及晚間均不能眠。

7月31日才得到關於慕愚出行的確切消息：

鏡吾告我，渠前日進城，至曹孟君處，知健常飛機票
都未買得，公司中囑其於廿七日至站上待，是日孟君
未送而彼亦未歸，則即於彼日行矣。渠此行絕不告我，
一個人倒楣時真無處不倒楣也。

這樣看來，他那一萬三千字的長信連寄出去的機會也沒有。日
記中連呼「倒楣」，即是承認「伉儷」與「朋友」已兩俱失之
矣。

譚慕愚此行為期數月，蹤跡不定，但顧先生仍未能忘情，
還是隨時注意她的動向，10月9日：

接九月廿二日張令琦來書，知健常已訪其父鴻汀先生。

10月10日：

> 本日《大公報》載健常本月四日偕高一涵到西寧，九
> 日回蘭州，想見此行匆匆之狀。甘、青、寧三省既俱
> 到，諒本月內即回渝矣。

但他此時已從幻夢中醒來，再過三天(10月13日)他便接受
朋友的介紹，開始和張靜秋女士交遊了。1944年5月9日，與張
靜秋訂婚一個月以後，顧先生寫了下面一段日記：

> 與靜秋同到宿舍整理衣服。出前數年日記及去年致健
> 常書與同讀，並談論其事，直至五時。
> 與靜秋續談健常，直至十時。
> 靜秋觀予向健常求婚書，頗指摘其無情，又謂如此用
> 情純厚者能有幾人。晚銜晉來，謂健常慫恿其妹打胎，
> 且屢函其妹罵銜晉，挑撥其夫婦感情，前年內政部出
> 一科員缺，又強迫銜晉往任之，天天寄快信。此等事
> 皆不合情理，而出之於我摯愛之健常，真刺傷我心。
> 因太興奮，晚遂失眠，以無水，未服藥。

這是第三階段有關譚慕愚的最後一條日記,大概是向未婚妻詳細交代他和譚的關係,所以談得這樣久。譚的拒婚無疑是顧先生一生在感情上受到的最大創傷,短期內很難平復。正是在這一心理狀態之下,譚的妹夫(衛晉)對她的種種指摘,他才會照單全收。日記中「真刺傷我心」五個字其實祇有用在拒婚事上才銖兩悉稱。

顧、譚的故事在這部《日記》中佔有很中心的位置,故事本身的發展也使讀者不斷發生新的期待,然而它竟戛然而止,結束得教人洩氣。這是一個典型的反高潮(anticlimax)。

在譚慕愚方面的資料完全缺席的情況下,故事祇能就此落幕。故事結束了,然而還有餘波盪漾,這是中國大陸天翻地覆以後的事,仍值得一記,以終此節。

《日記》1951年5月19日:

> 覽報悉健常在京為中蘇友好協會理事,此次被派赴蘇,為五一節觀禮團員,長風萬里,殊可羨。念五卅慘案時,渠為國家主義派,反共最烈,劉尊一為共產黨,常與齮齕。其後劉被潘宜之逼為妾媵,墮落為富家婦,而渠一意奮鬥,乃有今日之長征。世事變幻,宛然一夢也!

　　顧先生偶然在報上發現譚被派赴蘇聯的新聞，不勝驚訝和感慨，因此留下了這條日記。他驚訝的是當年「反共最烈」的人竟能獲此殊榮，而同時與譚正面鬥爭的共產黨員劉尊一卻已沒落無聞了。譚、劉是1924年4月13日與顧初次同遊頤和園的北大女生中之二人，在學生運動中分別是右派與左派的領軍人物。但1951年時兩人的升沉榮辱卻與當年的政治立場完全顛倒了。難怪他要發出「世事變幻，宛然一夢」的感慨了。

　　其實在顧先生寫這條日記的時候，劉尊一（1904-1979）已不再是「富家婦」，她在西南師學院擔任教育系主任的職位，與吳宓同事。吳宓對她作了一個簡要的介紹：

> 年四十七歲，初嫁何，生一子。先在北大從李大釗遊，遂入共黨，同任要職。一九二七夫婦在滬被捕，何死；再嫁桂人潘宜之，生二子二女。約八年前，潘遇刺死。近其仇每以「雙失節」譏之云[56]。

　　《吳宓日記續編》有關劉的記述不少，因與此處的討論無關，從略。無論如何，劉已邊緣化，與譚之顯赫不同，確是無可否認的。譚在此時何以能取得這樣高的政治待遇，必須另作

---

[56]　見《吳宓日記續編》，第一冊，頁59。

研究，不過我願意提供一個可能的推測。我記得1949年秋黃紹竑是國民黨的和平代表之一；他在北平還寫了一闋膾炙人口的小詞。開首是「北國正花開，已是江南花落。」譚慕愚追隨黃二十年，或即是當時隨員之一。中共在建立政權的最初兩三年，非常注重「招降納叛」。派譚去莫斯科恰好可以昭示國民黨及其他反共的團體和個人：像譚慕愚這樣當年「反共最烈」的人都可以受到重用，你們還怕什麼呢？姑誌於此，以待將來檢證。

　　1954年顧北行以後，與譚仍免不了在公共場合會面。這是因為顧的政治單位是「民主促進會」，譚則屬於「國民黨革新委員會」（「民革」），而兩人分別在政協與人大。我在《日記》中祇發現一條譚請顧午飯的記錄。1955年1月1日：

> 到惕吾處，長談，留飯。
> 今午同席：曾萍、王偉、黃鏡吾、譚家昆及其子女（以上客）。譚惕吾及其子利民、女靜（以上主）。惕吾之母已於去年在京逝世。其子女二人則所撫孤兒也。

這是拜年而留下午飯並作長談，距1943年6月30日拒婚之會已十二年了。譚始終不結婚，撫孤以代子女，可知她或早已抱獨身主義。兩人這次談些什麼，日記一字未提，甚為可惜。但這次相見之後，顧的舊情又有復發的跡象。1955年5月8日：

> 靜秋加入婦女聯誼會，今日會中同人到北海遊玩，因
> 邀同去。
> 在北海休樹下，楊花樸面，忽起感傷，因改前人詩數
> 字以抒予懷：
> 風光漸老見春羞，到處凝情感舊遊。多謝長條似相識，
> 亂飛煙絮上人頭。
> 輕紅橋上立逡巡，漾水微波漸作鱗，手拈柳絲無一語，
> 卅年春恨細如塵。
> 噫，放翁行化稽山土時，尚感沈園之柳棉，況予耶！

三十年前是1925年，正是他和譚慕愚常常同遊北海的歲月。放翁「傷心橋下春波綠，曾是驚鴻照影來」之句此時亦必往來胸中，不能自已。若更推之二十三年後(1978)題《日記》所寫「五十年來千斛淚，可憐隔巷即天涯」之詩(見本節開端所引)，那就和放翁「夢斷香消四十年，沈園柳老不飛棉」的心境完全合一了。

顧先生自初識譚慕愚，便為她的「勇猛精進」所折服，後來又一再稱許她「有良心、有志氣、有魄力、有眼光、有膽量」等等。他又說她「頻遭夜行者之按劍，世無真知，我自喜為九方皋矣。」就此點而言，他確不愧為譚慕愚的知己。這些難能可貴的品質，在譚的晚年又有了一次最痛快淋漓的發揮。1957

年6月29日顧先生在《日記》中告訴我們：

> 報載人民大學法律系四年級女生林希翎（亦名程海果）
> 大發反社會主義謬論，渠曾住譚惕吾家，與黃紹竑亦
> 有往還。予前覽報，覺民盟章伯鈞、羅隆基、儲安平
> 等有組織，有陰謀，而民革若龍雲、黃紹竑、陳銘樞、
> 譚惕吾等不過說話隨便，似不當同等看待。今觀人大
> 揭發，殆不其然。論世知人，戞戞乎難哉！

譚惕語變成「右派」足證她仍然堅持著早年的某些理想，
不可與隨波逐流的「靠攏分子」相提並論。林希翎既曾在她家
中住過一段時期，思想上的影響大概也不能完全避免，具體的
情況，希望將來有人能發掘出來。我寫這篇文字時，沒有時間
去追蹤譚一方面的資料，是一憾事，但是由於偶然的機緣，我
發現沈從文先生有一段對她的描述，恰好發生在她打成「右派」
之後，姑且引在這裡作為參考。1957年8月26日沈在青島〈致張
兆和〉中說：

> 耀平的上司林××果然已露頭角。這人和我在上海一
> 處視察，樣子就張揚不本分，不像個有學問的人，相
> 反和個上海商人差不多。正如譚惕吾，給我印象即不

好，一看就像個只想興風作浪小政客，又沒有什麼知
識本領，我還奇怪怎麼這些人都是人民代表？[57]

信中提到的林某一定也是「右派」，故稱之為「已露頭角」。
沈先生是一位謹慎本分的人，一生不沾政治，因此與林、譚兩
人都氣味不相投，對他們印象很不好。但他用「興風作浪」四
字形容譚惕吾，卻值得注意。這就表示譚對當時政治很不滿意，
平時一定流露出不少批評的意見。最使我動容的是顧先生1958
年4月尾的一條日記：

> 本月（按：四月）十八日到社會主義學院參觀大字報，
> 諸大右派分子章伯鈞、羅隆基、陳銘樞、李健生、黃
> 紹竑、儲安平、費孝通、錢端升、浦熙修、陳銘德、
> 鄧季惺、葉恭綽咸有，獨不見龍雲、章乃器、譚惕吾
> 三人，蓋彼輩不肯學習也。與伯昕談，我輩要否去勸
> 一勸。渠云不必，統戰部曾召集右派分子開會勸導，
> 譚惕吾發言仍強硬不服罪，毛主席說，讓他們待著看
> 罷。聞之殊為憂慮，今日何日，乃猶作死硬派耶！龍

---

57 見《沈從文家書——1930-1966從文‧兆和書信選》（台北：台灣商務
印書館，1998），頁280。

> 雲年老不必説，章乃器、譚惕吾年均五十餘，在社會
> 主義建設時期大可作為，乃將以死硬派終耶？（下略）
> 聞章乃器之妻楊美貞雖亦劃為右派分子，但已與其夫
> 分居，臨別之際，章乃器斥之為「賣夫求榮」。

打成「右派」一年之後仍然不肯屈服、拒絕「學習」的祇剩下三個人，譚即其中之一，她的志氣、良心、氣魄⋯⋯已顯露無遺。更出人意表的是，在統戰部集會勸導的場合，譚慕愚發言「仍強硬不服罪」，甚至連毛澤東也無可奈何。1949年以前，譚不過「頻遭夜行者之按劍」而已。1958年毛則是在光天化日之下怒目按劍以對所有的知識人，懾服於淫威之前者，滔滔天下皆是。譚慕愚獨不為之屈，這已不是「勇猛」、「膽量」所能形容其萬一。孟子所謂「自反而縮，雖千萬人，吾往矣」和莊子所謂「舉世而非之，而不加沮」，庶幾近之。

顧先生想去勸她，可見關懷之情不減往昔。但是他們兩人此時的思想距離，相去已甚遠。譚負嵎頑抗之際正值顧「向黨交心」之時。中國民主促進會中央整風辦公室編印的《自我改造大躍進快報》（1958年4月18日出版）上登出了下面的記載：

> 不少領導同志在競賽中一再挑戰加碼。中委顧頡剛同
> 志原交二百條，但他在翻閱自己解放頭兩年的日記

後，感到要說的心裡話很多，就主動提出增加指標到
270條，向楊東蓴、嚴景耀同志和原來指標最高的陳慧
同志挑戰，陳慧同志以280條應戰。不僅比數量，還要
比深、比透。（見《日記》1958年4月30日條末）

這就是上一節引日記所說「爲靜秋言之，渠喜而不寐」的那件
事。《日記》後來還有兩次提到譚：1971年8月3日，

予打電話與健常，未通，豈眞有憾於我耶，抑他遷耶，
今生尚得相見耶？思之悵然。

1979年2月24日，

今日報載人大常委會中設立法制委員會，費孝通、譚
惕吾皆在，知一九五七年之冤獄一洗而空矣。為之喜
慰。

顧先生情有獨鍾，終身不忘，古今少見。但是從1958年起，
他和譚慕愚已各自在人生道路上作出了明確的選擇，「君向瀟
湘我向秦」，這是無可奈何的人間恨事，然而這應該怪誰呢？

結語

我把這篇序言題之為〈未盡的才情〉，實寓有惋惜之意。「才」與「情」在此分有所指，而不是一個集合的名詞。所謂「才」是就他的學術與事業的長才而言；所謂「情」則特指他與譚慕愚之間的情緣。讓我略說幾句解題的話，作為全篇的結語。

前面已說過，顧先生概括他的「事業」為三大項：整理國故、民眾教育、邊疆研究。1949年以前，這三項事業雖都各有困難，但都或斷或續地在進行中。1949年以後，「群眾」既已成為「黨」的禁臠，絕不能容忍任何個人或團體染指，民眾教育作為一個私人事業自然失去了存在的根據。邊疆研究(或開發)不但涉及國家機密，而且與少數民族有關，更不是他能觸及的領域了。他的最大奢望是在國故整理方面繼續個人的名山事業。1954年8月他是抱著這個夢想進入科學院歷史所的，所以9月便呈上了《顧頡剛工作計劃》，「分為編輯考訂、研究專著

與論文、筆記三部分」。但「黨」領導卻給了他「大而無當」四字評語。在上述三部分之中，祇有「編輯考訂」一項，因與中華書局合作，他還算沾到了一點邊，其餘的「計劃」則祇能塵封起來了。事實上，他很快便受命進行《資治通鑑》的標點工作，繼之以二十四史。他已變成了一個古典文本整理的技工。在缺少助手的條件下，他個人的研究與著作基本上已停頓了下來。1961年出版的《史林雜識》不過是舊稿（《浪口村隨筆》）的重理而已。他晚年企慕王國維的學問境界，終於沒有實現的機會。我們祇要以1949年為分水線，將他的〈著述目〉[58] 劃分為前後兩期，便可一覽無餘了。所以顧先生雖享高壽，也留下了大量的著作，他的事業「才」和著述「才」在1949年以後都不復有施展的餘地。從這一角度說，我們仍不能不歎息他是「千古文章未盡才」。

他的「情」也「未盡」。1943年譚慕愚拒婚之後，顧先生早年「以伉儷而兼朋友」的夢想已完全幻滅了。但是他對譚的餘情未斷，1949以後的幾條日記和詩篇已提供了清楚的證據。在正常的情況下，他仍可能通過情感昇華的方式，保持「精神之結合」，如1931年關於合寫「中國通史」的提議。然而1957-58的「反右」把他們徹底地拆散了。顧先生在巨大的家庭壓力下，

58　見《顧頡剛年譜‧附錄》，頁405-598。

與「民主促進會」的「同志」們作「交心」競賽,而譚慕愚則以「右派」之身,「仍強硬不服罪」。從此他們兩人便背道而馳了。

我們不知道譚對顧的「交心」究竟作何感想,但1971年顧在日記中寫下「豈真有憾於我耶!」那句疑問詞,卻是耐人尋味的。無論如何,1978年「五十年來千斛淚,可憐隔巷即天涯」兩句詩已將他們的結局如實地表達了出來。《紅樓夢》太虛幻境宮門前的上聯云:

　　厚地高天,堪嘆古今情不盡。

顧、譚情緣亦復如是,故引之以終斯篇。

2006年11月18日於普林斯頓

附錄一
顧頡剛、洪業與中國現代史學

　　1980年年底中國史學界不幸失去了兩位重要人物：顧頡剛先生和洪業(煨蓮)先生。兩位先生都是1893年出生的；逝世的時間也僅僅相差兩天：洪先生卒於12月23日，顧先生卒於25日。

　　顧先生是蘇州人，系出著名的吳中世家，早年所受的是中國傳統的經史教育；洪先生原籍福建侯官，早年就受到西方基督教的影響，並且是在美國完成正式教育的。但是儘管他們的家世和文化背景都不相同，在史學上兩位先生卻很早就是志同道合的朋友了。洪先生是1923年從美國回到燕京大學任教的，這正是顧先生以《古史辨》轟動中國學術界的一年。洪先生在美雖治西洋史和神學，但回國之後治學的興趣很快地就轉到中國史方面來了。這是和當時胡適之、顧頡剛諸先生所倡導的「整理國故」的運動分不開的，而顧先生對他的影響尤大。洪先生生前曾屢次和我提到這一點，決不會錯的。1929年顧先生到燕

京大學歷史系來擔任古代史的教學，他和洪先生在學術上的合作便更爲密切了。最值得紀念的是他們共同發現崔述夫婦的遺著和訪問崔氏故里的一段經過。最近顧先生在〈我是怎樣編寫《古史辨》的？（上）〉一文中曾特別回憶到這一段。他說：

> 當「五四」運動之後，人們對於一切舊事物都持了懷疑態度，要求批判接受。我和胡適、錢玄同等經常討論如何審理古史和古書中的眞僞問題。那時我們就靠了書店主人的幫助，找到了這部《崔東壁遺書》。後來我同幾位燕京大學的同事在圖書館裡找到了崔述的《知非集》，又組織了一個旅行團到大名去採訪，看到了他墓碑上的記載，又借鈔了崔述的夫人成靜蘭的《二餘集》，崔述的筆記《莄田隨筆》[1]。（英時按：原名《莄田賸筆》，顧先生誤憶。）

這裡所說燕京大學的同事其實主要是指洪先生，因爲《知非集》是他在燕大圖書館中發現的，而〈崔東壁先生故里訪問記〉一文也是由洪、顧兩先生共同署名發表的[2]。顧先生不提洪先生之

---

1 見《中國哲學》第二輯（1980年3月），頁337。
2 均見《崔東壁遺書》（台北：河洛出版社影印本，1975），特別是顧先生在《遺書・序》中對洪先生表示感謝的一段，見頁3。

名，大概是有所顧忌，而胡先生因爲已獲得公開的「解放」，
所以反而不必避諱了。

　　洪、顧兩位先生恰好代表了「五四」以來中國史學發展的
一個主流，即史料的整理工作。在這一方面，他們的業績都是
非常輝煌的。以世俗的名聲而言，顧先生自然遠大於洪先生；
「古史辨」三個字早已成爲中國知識文化界的口頭禪了。但以
實際成就而論，則洪先生決不遜於顧先生。洪先生三十歲以後
才專治中國史，起步比顧先生爲晚，然而顧先生由於早年遽獲
大名之累，反而沒有時間去做沉潛的工夫。所以得失之際，正
未易言。最後三十多年間，他們兩人的學術生命尤其相差得甚
遠。顧先生受政治環境的影響太大，許多研究計畫都無法如期
實現。例如《尚書》譯註的工作，在《古史辨》時代即已開始，
1960年代在《歷史研究》上續有新作，但全書似乎未及完篇。（最
近兩年發表的有關〈甘誓〉、〈盤庚〉諸篇主要都是由他的助
手代爲完成的。）所以就最後三十餘年而言，他的成績不但趕不
上《古史辨》時代，而且也不能與抗日戰爭期間相比；因爲即
使在抗戰的那種困難條件下，顧先生尚能有《浪口村隨筆》之
作。（後來正式出版的《史林雜識》即是其中的一部分。）這實
在不能不令人爲之扼腕。對照之下，洪先生在同一段時期卻仍
能不斷地在學問上精進不懈。洪先生是在1946年春間應聘到美
國哈佛大學講學的。據他有一次談話中透露，他當初祇打算在

美國住一兩年，藉以補足戰爭期間接觸不到國外漢學研究的缺陷。但是後來中國的政治局勢變化得太快，他終於年復一年地在美國住了下來。

從1946年到1980年，洪先生發表了許多份量極重的學術論著。舉其犖犖大者，英文專著有《中國最偉大的詩人杜甫》（上下兩冊，哈佛大學出版，1952年），英文論文有〈黃遵憲「罷美國留學生感賦」譯註〉（《哈佛亞洲學報》，卷18，第1、2號，1955年6月）、〈錢大昕詠元史詩三首譯註〉（同上，卷19，第1、2號，1956年）、"A Bibliographical Controversy at the T'ang Court"（同上，卷20，第1、2號，1957年6月）、"A T'ang Historiographer's Letter of Resignation"（同上，卷29，1969年）。中文論文之較爲重要者則有〈破斧〉（《清華學報》新1卷，第1期，1956年）、〈再論臣瓚〉（同上，新3卷，第1期）、〈「韋弦」、「慎所好」二賦非劉知幾所作辨〉（《中央研究院歷史語言研究所集刊》第28本下冊，1957年5月）、〈再說西京雜記〉（同上，第34本下冊，1963年12月）。

凡是讀過洪先生論著的人都不能不驚服於他那種一絲不苟、言必有據的樸實學風。他的每一個論斷都和杜甫的詩句一樣，做到了所謂「無一字無來歷」的境地。但是洪先生晚年最精心的著作則是劉知幾《史通》的英文譯註。他對《史通》的興趣發生得相當早，認爲這部書是世界上第一部對史學體例進

行了系統討論之作。因此他發憤要把它譯出來,讓西方人知道
中國史學造詣之深和發展之早。前面所列的單篇論文,其中不少
便是《史通》譯註的副產品;而1969年的"T'ang Historiographer's
Letter of Resignation" 事實上即是《史通‧忤時》篇的譯註。由
於他的態度認真,不肯放過《史通》原文中每一句話的來歷,
譯註工作所費的時間幾乎到了不可想像的程度。記得十五、六
年前洪先生曾告訴我,他已戒掉了煙斗,要等《史通》譯註完
成後才開戒。但他究竟最後有沒有照預定的計畫結束這一偉大
的工程,我現在還不十分清楚。希望整理洪先生遺著的人要特
別珍視這一方面的文稿。洪先生為了要整理出一個最接近本來
面目的《史通》本子,曾進行了精密的校勘工作,除了他以前
在燕京大學所校的多本外,近幾十年來又廣搜各種異本。其中
最重要的有台北中央研究院歷史語言研究所的烏絲欄鈔本(原
為明鈔本,是最接近宋刊本的一種),和郭孔延《史通評釋》(這
是最早的註釋本,刊於1604年,原藏抗戰前日本人所辦的北京
人文科學研究所,現亦歸史語所),以及台北中央圖書館(編按:
現已改為國家圖書館)所藏的明刊蜀本《史通》。我曾不止一次
向洪先生提議,請他整理出一個最理想的校本,分別刊行,以
取得與譯註相得益彰之效。他表示十分同意我的看法。希望我
們能在洪先生的遺稿裡發現這樣一部完美的校本。

　　洪先生平素與人論學,無論是同輩或晚輩,絕對「實事求

是」，不稍假借。他博聞強記，最善於批評，真像清初人說閻
若璩那樣，「書不經閻先生過眼，謬誤百出。」1958年周法高
先生在哈佛大學訪問時曾以《顏氏家訓彙註》的稿本送請洪先
生評正，後來周先生告訴我，洪先生曾指出其中可以商榷之處
不下百餘條。但是另一方面，洪先生卻又深受中國「溫柔敦厚」
的詩教傳統的薰陶，對古人不肯稍涉輕薄。1954年胡適之先生
曾經多次與洪先生爲全謝山問題發生爭論，書札往復不休，主
要關鍵便在於洪先生認爲胡先生說全謝山吞沒趙一清（東潛）水
經注校本，是一種不應有的厚誣古人。在10月20日一封長信中，
洪先生特別強調「罪疑惟輕」的古訓；在12月8日一封更長的信
中論及趙東潛〈接謝山札云典衣得三縑聊助客乏寄謝〉詩則說：

> 謝山之貧，東潛不容不知。三縑雖無濟甚事，言謝之
> 詩詎可頓違溫柔敦厚之教。業稍讀二家書道及彼此之
> 處，止覺彼二人交誼，終始無嫌。彼此徵引雖亦間加
> 糾正，總見稱是多於言非。蓋從他山之攻，轉顯麗澤
> 之益。此亦儒林佳話，可風來學 [3]。

其實洪先生這幾封信宅心之忠厚，真足以風今世，學問的深湛

---

3 原信影本見《胡適手稿》，第六集卷一，頁一四四。

尚是餘事耳。1973年哈佛燕京社的同仁們發起一個祝賀洪先生八十歲生日的集會。我當時曾寫了一首七律爲壽。詩曰：

> 矯矯仙姿八十翁，名山業富德符充。
> 才兼文史天人際，教寓溫柔敦厚中。
> 孫況傳經開漢運，老聃浮海化胡風。
> 儒林別有衡才論，未必曹公勝馬融。

「學際天人，才兼文史」是《舊唐書》劉知幾及其他史官列傳末的史臣評語；「溫柔敦厚」則正是指洪先生的人格修養而言的。末語針對當時中國大陸的局勢而發，所指更是極爲明顯。1974年我在香港，聽說洪先生在哈佛燕京圖書館看報，讀到那些毫無理性的「批孔」言論，氣憤之至，出來時竟在圖書館大門前跌了一跤，把頭都摔破了，幾乎因此送命。可見洪先生雖從小受西方教育，又信仰基督教，但內心深處始終是一位徹底爲中國文化所融化了的讀書人。

我始終沒有和顧先生接觸過，但是通過師友們的平常談話，對顧先生的性情之厚和識量之弘也是十分心儀的。1978年10月在「美國漢代研究考察團」的訪問行程中，我們全體團員都希望能見到顧先生，我個人更是高興有此機緣得償多年的宿願。不幸其時適值顧先生因病入醫院治療，不能見客。我曾特

別請人轉達個人對他老人家的仰慕之意，他也傳語希望以後在學術上彼此保持連繫。但是想不到我竟再也沒有機會見到他了。

　　錢賓四師最近在他的《師友雜憶》中曾多次提到他和顧先生之間的交誼。賓四師和顧先生先後兩度共事，第一次是民國十九年在北平燕京大學，第二次則是抗戰期間在成都齊魯大學國學研究所。事實上，賓四師從中學轉入大學任教便是由顧先生極力促成的。賓四師說：

> 余在蘇中，函告頡剛，已卻中山大學之聘。頡剛復書，
> 促余第二約，為《燕京學報》撰文。余自在后宅，即
> 讀康有為《新學偽經考》，而心疑，又因頡剛方主講
> 康有為，乃特草〈劉向、歆父子年譜〉一文與之。然
> 此文不啻特與頡剛諍議，乃頡剛不介意，既刊余文，
> 又特推薦余至燕京任教。此種胸懷尤為余特所欣賞，
> 固非專為余私人之感知遇而已[4]。

文中所說「中山大學之聘」，也是由顧先生推介而來的，這種學術為公的胸襟實在少見。顧先生不但對同輩論學之友虛懷推

4　見〈師友雜憶・北平燕京大學時代〉章，刊於香港《中國人》月刊，1980年2月號，頁65。

重，並且對門人後學也汲引不遺餘力，絕沒有一點「好爲人師」
的矜持。賓四師又記與顧先生在成都的談話云：

> 頡剛人極謙和，嘗告余得名之快速，實因年代早，學
> 術新風氣初開，乃以枵腹騁享，不虞得名。乃歷舉其
> 及門弟子數人，曰，如某如某，其所造已超於我，然
> 終不能如我當年受人重視。我心内怍，何可言宣。其
> 誠摯懇切有如此[5]。

我深信顧先生這些話完全發自肺腑，因爲這和他平素的作
風是一致的。舉例來說，顧先生在民國十九年所發表的〈五德
終始說下的政治和歷史〉是現代中國史學上一篇體大思精的文
字。但刊布之後，顧先生絲毫不自假滿，一再要友生們表示不
同的見解。現在收入《古史辨》第五冊中的不但有朋友輩的商
榷文字(如錢賓四師、劉節先生和范文瀾先生)，而且還有幾篇
學生的批評之作(如陳槃先生、童書業先生、徐文珊先生)。可
見他的確相信韓愈「弟子不必不如師，師不必賢於弟子」之說。
　在這一點上，洪先生也和顧先生有相似之處。胡適之先生

5　〈師友雜憶・成都齊魯大學國學研究所〉，《中國人》月刊，1980年7
　月號，頁44。

爲司徒雷登自傳寫序，曾特別推崇洪先生在燕大收集圖書、出版學報及編纂引得各方面的貢獻。洪先生寫信給胡先生說：

> 拜讀大序，則愧感彌甚。感公惠隆，愧我功薄。圖書之收集，多由田洪都、薛瀜白、顧起潛諸君之力。學報之校訂，幾全由容希白、八媛兄妹之勞。引得之編纂則尤轟崇岐一人之功。業隨諸君之後，雖亦薄貢其微，不過欲稍滌昔年教會學校忽視國學之羞爾[6]。

洪先生晚年對他在燕京大學所培養出來的幾位史學家常常稱道不置，如齊思和先生的春秋戰國史、聶崇岐先生的宋史、翁獨健先生的元史、王鍾翰先生的清史，都是洪先生所激賞的，其中尤以對聶先生的情感最爲深厚。洪先生認爲聶先生不但學問好，人品更是高潔。我個人曾在燕京大學歷史系讀過一個學期，那時系主任正是齊先生；聶先生的「中國近代史」和翁先生的「歷史哲學」都是我曾修過的課程。以我的親身體驗而言，我覺得洪先生對他們幾位的推許絲毫沒有溢美之處，決不像汪漁洋說白香山推重元微之那樣，乃出於「半是交情半是私」。

在近代中國史學的發展歷程上，顧先生和洪先生可以說是

6　見《胡適手稿》，第六集卷一，頁52。

代表了史學現代化的第一代。儘管他們都繼承了清代考證學的
遺產，在史學觀念上他們則已突破了傳統的格局。最重要的是
他們把古代一切聖經賢傳都當作歷史的「文獻」(document)來
處理。就這一點而言，他們不但超過了一般的乾嘉考據家，而
且也比崔述和康有為更向前跨進了一步。洪先生治學最嚴謹，
其專門著作中，往往語不旁涉。所以我們不妨專就顧先生的議
論來說明這個問題。

　　顧先生雖然接著康有為、崔適講王莽、劉歆偽造群經的問
題，但他卻早已逃出了今文經學的舊門戶。他曾一再聲明，他
只是接受今文學家的某些考證，而並不採取他們的經學立場。
因此他堅決地宣布：

　　　　我決不想做今文家；不但不想做，而且凡是今文家自
　　　　己所建立的學說我一樣地要把它打破[7]。

換句話說，他的目的與經學家不同，不是為了證明某種經學理
論而辨偽。甚至對於崔述的疑古辨偽，他也覺得不夠徹底。因
此他認為崔氏尚只是「儒者的辨古史，不是史家的辨古史。」

7　見〈跋錢穆評「五德終始說下的政治和歷史」〉，《古史辨》，第五
　　冊，頁632。

在顧先生看來,「要辨明古史,看史蹟的整理還輕,而看傳說
的經歷卻重。」[8] 這樣一來,史學的重心才完全轉移到文獻問題
上面來了。蘭克曾說:

> 在我們把一種作品加以歷史的使用之前,我們有時必
> 須研究這個作品本身,相對於文獻中的真實而言,到
> 底有幾分可靠性[9]。

這就是顧先生所謂「史家的辨古史」的態度了。顧先生「層累
地造成的中國古史」之說之所以能在中國史學界發生革命性的
震盪,主要就是因為它第一次有系統地體現了現代史學的觀
念。所以此說一出,無論當時史觀如何不同的人都無法不承認
它在史學上所佔據的中心位置。語言學派的史家認為顧先生已
在中國「史學上稱王」,有如牛頓之力學,達爾文之學生物學[10]。
甚至馬克思派的人也不能不佩服他的「卓識」,並說「舊史料
中凡作偽之點大體是被他道破了」[11]。在「史料學」或「歷史文

---

8 均見〈與錢玄同先生論古史書〉,《古史辨》,第一冊,頁59。
9 轉引自 Leonard Krieger, *Ranke, the Meaning of History*(University of Chicago Press, 1977), p. 6.
10 見傅斯年,〈與顧頡剛論古史書〉,《傅斯年全集》第一冊,上編丁函札類,頁62。
11 見郭沫若,《中國古代社會研究》(1954年版),頁274-5。

獻學」的範圍之內，顧先生的「層累造成說」的確建立了孔恩
（Thomas S. Kuhn）所謂的新「典範」（paradigm），也開啓了無數
「解決難題」（puzzle-solving）的新法門，因此才引發了一場影響
深遠的史學革命。除了《古史辨》結集爲七厚冊外，還有無數
散在各報章雜誌的文字都是在《古史辨》影響之下寫成的。文
獻是史學的下層基礎；基礎不固則任何富麗堂皇的上層建構都
不過是海市蜃樓而已。顧先生儘管在辨僞與考證各方面都前有
所承，然而他的「層累造成說」卻是文獻學上一個綜合性的新
創造，其貢獻是長遠而不可磨滅的。把「傳說的經歷」看得比
「史蹟的整理」還重要——這是中國傳統考證學者在歷史意識
方面所從來沒有達到的高度。顧先生並不是從事平面的辨僞，
如一般人所誤解者；他是立體地、一層一層地分析史料的形成
時代。然後通過這種分析而確定每一層文獻的歷史涵義。例如
他和童書業先生合寫的〈夏史三論〉，把夏代「少康中興」的
傳說推定在東漢光武中興之後[12]。這個假設是否成立是另一問
題，但是我們不能不承認這一敏銳觀察充分地表現了現代史學
的觀點。陳寅恪先生考釋唐代府兵制前期的史料和〈桃花源記〉
的史源，雖然時代不同，其精神也同屬現代的。洪先生的〈春
秋經傳引得序〉、〈禮記引得序〉等篇更是現代文獻學研究的

---

12 見「少康中興辨」一節，《古史辨》，第七冊下編，頁233-255。

傑作。洪先生以〈禮記引得序〉一文而榮獲法國1937年度的茹理安(Stanislas Julien)漢學獎,是完全受之無愧的。

最近幾十年來西方的史學觀念在劇烈的變動之中,史學與文獻(document,廣義的「文獻」不限於文字記載,風俗、習慣、法律、制度等都包括在內)的關係究當如何,目前已有不同的看法。法國當代名歷史哲學家傅柯(M. Foucault)認為審訂文獻的真偽、性質、意義,然後再在這種基礎上重建歷史陳蹟,這已是陳舊的史學了。新的史學則不取這種被動的方式,而是主動地組織文獻,把文獻分出層次、勒成秩序、排作系列、定出關係,並確定何者相干何者不相干等等[13]。其實這一類的說法,聽起來似乎新奇可喜,運用起來卻非常不簡單。它所針對的主要仍是史學中的主觀與客觀的問題。柯靈烏(R. G. Collingwood)強調史事的內在面和史學家必須重演(re-enact)古人的思想,也就是要說明主客如何統一。近二、三十年來解釋學(Hermeneutics)大為活躍並影響到史學的觀念。解釋學家與「文件」(text)或「作品」(work)之間的關係正和史學家與「文獻」之間的關係甚為相似。所以有些解釋學家如包德曼(Rudolf Bultmann)也討論到怎樣瞭解歷史文獻的問題,包氏認為無論史學家如何力求客

---

13 看 Michel Foucault, *The Archaeology of Knowledge*, translated from the French by A. M. Sheridan Smith(Harper Torchbooks, 1972), pp. 6-7.

觀,他終不能完全擺脫掉自己的觀點。他並援柯靈烏的理論為
助,以強調對歷史文獻不可能有所謂純客觀的解釋[14]。

　　就中國史學的傳統而言,我們並沒有嚴重的主客觀對立的
問題。中國史學一方面固然強調客觀性的「無徵不信」,另一
方面也重視主觀性的「心知其意」。強調史學必須主動地運用
文獻是無可厚非的。但是如果因此而造成一種印象,使人覺得
文獻學的考訂工作完全無足輕重,那將是史學上的一個足以致
命的錯誤了。在解釋學方面,近來也有人起而為客觀性問題辯
護。義大利法制史家貝諦(Emilio Betti)在這一方面的貢獻最
大。簡單地說,貝諦承認文件的客觀性離不開解釋者的主觀性。
但是他特別強調,解釋者的主觀性必須能透進解釋對象的外在
性與客體性之中。否則解釋者不過是把自己的主觀片面地投射
到解釋對象之上而已。所以在貝諦看來,解釋學最重要的第一
條戒律便是肯定「解釋對象的自主性」(autonomy of the object of
interpretation)[15]。

　　如果我們把貝諦在解釋學方面所提出的原則應用到史學方
面,我們便立刻可以看出顧先生的「層累造成論」不但肯定了

14　見Rudolf Bultmann, *History and Eschatology*(New York: Harper, 1975),
　　pp. 110-120.
15　見Richard E. Palmer, *Hermeneutics*(Northwestern University Press, 1969),
　　pp. 54-6.

「解釋對象的自主性」，而且也在一定的程度上表現出解釋者（史學家）的主觀性已透進解釋對象（文獻）的外在性與客體性之中。許多古代文獻一到了顧先生手上往往都變成了活的材料；這正是因為他一方面嚴格遵守「無徵不信」的信條，而另一方面對於古人的作品則又要求做到「熟讀深思，心知其意」的地步。因此主客之間不但存在著一種動態的關係，而且往往融成一片。不僅此也，顧先生同時又是在「通古今之變」的史學傳統下成長起來的人，他研究古史是和他研究吳歌和孟姜女故事的演變分不開的。前引傅柯所謂主動組織「文獻」、劃清層次、建立系列、確定關係……之類的「新史學」，顧先生事實上已做到了不少。這尤其以他後期的歷史作品為然。抗戰期間他以邊疆少數民族的風尚證中原之古史，在昆明寫出了《浪口村隨筆》，使許多本來僵死的古代記載都獲得了新的生命。李亞農氏談到「五四」以後的中國史學，特別是「古史辨」一派時，就曾說過：

> 由於弄清楚了許多歷史事實，使它有了可能來更具體、更深入地認識中國歷史，從而把一部分史實或歷史形象化了，使過去中國人民的生活得以活靈活現地出現在讀者腦筋中來，從而幫助了讀者更具體地去理解業已過去的中國人民的生活。今姑且舉兩個例來說，當著者讀到張蔭麟氏的《中國史綱》（上古篇）和顧頡剛氏的《浪

口村隨筆》原稿的時候，就有這種感覺[16]。

李氏和顧先生的史學觀點完全不同，因此他談顧先生歷史作品的真實感受也就特別值得注意。

顧先生畢生以《古史辨》爲世所知；這裡有幸也有不幸。不幸的是很多人以耳代目，認定顧先生一生的工作純是辨僞。有些人甚至祇記得顧先生早已放棄的某些錯誤的假說，譬如說：大禹是條蟲。其實顧先生除了辨僞之外還有求真的一面，而且辨僞正是爲了求真。他辨僞儘有辨之太過者，立說也儘有不盡可信者，但今天回顧他一生的業績，我們不能不承認顧先生是中國史學現代化的最先奠基人之一。

顧先生《古代史論文集》，和洪先生的《論學集》不久都將問世。這是中國現代史學史上的重要里程碑。中國史學今後將何去何從，現在自未易言。但是無論史學怎樣發展，它永遠也離不開文獻學的客觀基礎。因此我們可以斷言，顧、洪兩先生的著作決無所謂「過時」的問題；它們將繼續爲新一代的史學家提供學習的範例。

1981年4月7日

16　見《欣然齋史論集》（1962），〈總序〉，頁19。

附錄二
顧頡剛的史學與思想補論
——兼答唐文標先生的〈文字障〉

　　陳曉林先生轉來唐文標先生〈文字障——試談余英時
與顧頡剛的一個公案〉大作影本一份，一再要我加以
答覆。我生平不喜與人爭論，因此頗為躊躇，今天月
刊編輯從臺北打越洋電話來催稿，我實在不忍拂其雅
意，故勉強寫此短篇作答。同時，自我在《聯合報》
副刊發表〈顧頡剛、洪業與中國現代史學〉一文之後（本
年4月25日），曾在《中央日報》副刊上先後看到陶希
聖先生和王公嶼先生討論顧先生言行的文字，不免又
引起一些感想，現在也想趁此機會一併說出來。所以
這篇短文基本上只能算是前文的一個跋尾，而不是一
篇和唐先生正式爭辯的論文。

1981年7月15日英時記

唐先生實在太「勉強」了

　　唐文標先生此文的主要論點是要說明我誤解了顧氏〈武士與文士之蛻變〉一文的原義。我在〈中國古代知識階層的興起與發展〉中曾批評顧文頗有自相矛盾的地方，最重要的是顧氏一方面開宗明義即下「吾國古代之士，皆武士也」的斷語，繼之論士的蛻變則又說：「古代文、武兼包之士至是分歧爲二。」這兩個截然不同的說法是絕對無法並存的。我個人傾向承認第二種說法，但是不能接受第一種說法。現在唐先生用「增字解經」的方法重新整理顧文得到下面的「分期」：

　　（A）原始純粹執干戈以衛社稷的武士（上古代）。

　　（B）受教育後文武合一的士（春秋）。

　　（C）專業化後文武分途（戰國）。

　　但唐先生自己也不得不承認這個分期是「勉強」的。更值得商榷的是，唐文說：顧氏的「士皆武士」只是作爲「前提假設」而存在的，並沒有爲這一斷語作「任何解釋和證明」。我不得不指出，唐先生的辯解實在太「勉強」了。顧文在此一斷語之後緊接著便引《左傳》和《國語》中晉、楚、越三國之例以「證明」士爲武士，而且都是春秋時代的事實，與唐先生的分期顯然不合。

　　唐先生又退一步說即使說「古代之士皆武士」是一大漏洞，

也沒有爭辯的必要，因為這和「上帝造人」一樣，只是一種說法而已。這個譬喻尤其不相類。「上帝造人」是宗教信仰，自然不受經驗事實的檢證。「吾國古代之士皆武士」則是歷史斷案，怎麼能夠不根據史實加以討論呢？

關於「內心修養」的問題，唐先生的辯解也沒有說服力。唐先生以為顧氏所說的「內心修養」即指「學禮樂專業」而言。若如此解，則「講內心修養」和「知識、能力之獲得」便是同一件事了。如何又可說「不能以其修養解決生計」呢？

這是唐先生的誤會

最後，唐先生用「以子之矛，攻子之盾」的辦法，指出我所說的博士制的建立是從「以吏為師」進而「以師為吏」的發展。在他看來，這似乎在邏輯上肯定「吏即是師、師即是吏」。這恐怕是唐先生誤會了吧。我原文並未用全稱肯定，和顧先生「吾國古代之士，皆武士也」大不相同，何能相提並論？歷史上明白記載博士是「秦官」，其屬於官僚系統之內是不成問題的。李斯所謂「以吏為師」，主要即是指博士而言的，因為焚書令以後，保藏「詩書、百家語」已是博士的專門「官職」了。《史記》原文具在，不難覆按。最可怪者，唐先生憑空造出「以師為吏」一詞，硬算是我的「術語」。事實上，我的原文只引了「以吏為師」那句老話，根本就沒有「以師為吏」之說。這

點不知從何說起了。我說「通過博士制度的建立，以前自由身分的教書匠（師），便轉化成為官僚系統中的『吏』了」。這只是就「博士制度」而言的。我並不曾說：自從有了博士制度，天下所有的「師」都變成了「吏」了。我實在不明白唐先生怎樣從我的原文中得到「以師為吏」這個莫須有的「斷案」的。這裡「出軌」的恐怕不是我吧！唐先生又說博士總算是「官」，而非「吏」。這是唐先生的誤會。「官」、「吏」之分在古代是不存在的，那是唐代以後的事。古代的官員通稱為「吏」。所謂「博士秦官」的「官」字，是指「官守」而言，「百官」之「官」亦然。所以李斯才說「以吏為師」，而不說「以官為師」也。

正表示對顧先生特別推崇

答覆唐先生的話大體說完了。但是回過頭來，我卻要鄭重地聲明，我對唐先生迴護顧先生的忠厚和苦心則是十分佩服的。唐先生基本的觀念只是要我們談前人文字不可「以詞害意」，也就是司馬遷所說的「心知其意」。這一層我是完全贊成的。我願意借此機會向唐先生和讀者表明：我在原文中雖然批評了顧頡剛先生的「矛盾」，然而這絲毫不減我對顧先生的敬重。所以我一則說顧先生「所勾勒的歷史輪廓，大體可信」，再則曰顧先生「士為低級之貴族」是「正確的論斷」。現代學

者中持「士為武士」之說者甚多，而我之所以僅引顧先生的文字為討論的對象，正是表示我對他的特別尊崇。無論顧先生的「原意」是否如唐先生所疏解的那樣脈絡分明，我都願意承認顧先生這篇文章基本上是很有價值的。但這篇文章之不免於「矛盾」，終究是不可諱，而且也是不必諱的。縱使像唐先生那樣用力地為顧先生開脫，也還是不得不一再地指出顧先生行文「極不清楚」。把前人這類「不清楚」的地方弄「清楚」，正是後輩學人無可旁貸的責任。否則顧先生又何必搞什麼「古史辨」，專門與古人為難呢？唐先生的「疑竇」大約是起於一種誤會，以為我故意和顧先生過不去。如果唐先生讀過我悼念顧先生的那篇文字，也許就不會發生這篇「文字障」了。

古代的士是允文允武的

總之，我祇能承認中國古代之「士」在未分化以前是「文武兼包」的，但是無法接受「古代之士皆武士」的說法。這並不是我有意立異，而是歷史的材料和理論都指向這一結論。以材料言，我在原文中已徵引了若干例證說明士與禮樂的關係。陳夢家先生早已指出周初文獻中的「多士」、「庶士」大概就是指「知書識禮」的貴族而言。饒宗頤先生的「審察報告」中更列舉了不少。全文中「士」的用法，也恰可說明古代的「士」基本上是允文允武的。再就理論上說，士的性質問題基本上即

是知識分子的起源問題。這並不是中國史上特有問題，而是具
有普遍性的。其他古代文化也都經歷過同一發展階段。我們稍
加比較即可知古代各地區的知識分子都自有其精神的淵源，如
希臘的智者來自理性思辨的傳統，以色列的先知出於宗教的傳
統。古代中國則有一個禮樂的傳統，恰爲士的淵源所自。禮樂
無所不包，既有宗教性，也有學術性，更有軍事性，正與「國
之大事，惟祀與戎」的情形相合。從這個傳統中出來的「士」
必然是「文武兼包」的。我們試想，如果中國古代的「士」都
是清一色的武士，其中更無一點「文」的成分，那麼顧先生所
說的「蛻化」便將使人無從索解了。

　　我在〈顧頡剛、洪業與中國現代史學〉一文中曾企圖在有
限的篇幅之內說明顧先生在中國史學上的創新意義。我並且強
調，顧先生由於受到政治環境的嚴重限制，前後三十多年沒有
重要的貢獻。現在我要補充一筆，即關於顧先生中歲以前的學
術和文化活動，史耐德（Laurence A. Schneider）已有專書敘述[1]。
這部書的分析雖不算很深入，但大體上已將顧先生從1913年到
1945年這一階段的思想發展整理了出來。顧先生在史學上究竟
有些什麼「創新」的成分，尤其是此書的重點所在，所以仍值

1　Laurence A. Schneider, *Ku Chieh-Kang and China's New History*（University
　of California Press, 1971）.

得參考。

顧先生晚年的學術生命雖然遠比不上中年時代那樣光芒四射，但是就他個人思想意境而言，則頗有家丞秋實與庶子春華之異。即以《史林雜識》與《古史辨》相較，已可見前者是思想成熟後的作品；從勇猛的「疑古」轉而為審慎的「釋古」了。

從反傳統到尊重傳統

事實上，顧先生雖然對於民俗學和民間文化有著很大的興趣，但他卻從來不是一個激烈的社會活動家，他始終不脫古典學者的一型。因此他晚年曾說：「數年來，大家都只知道我和胡適的來往甚密，受胡適的影響很大，而不知我內心對王國維的欽敬和治學上所受影響之深。」[2] 這番話最能說明他內心所嚮往的終極境界。

許多人至今仍責難顧先生是破壞「傳統」的罪魁禍首之一。這種誤解是由於沒有追蹤他的整個思想發展的過程所致。1978年顧先生寫了〈徹底批判「幫史學」，努力作出新貢獻〉一文，刊在《中華文史論叢》的「復刊號」(第七輯)上，其中有一段話值得全引在這裡：

---

2 見白壽彝，〈悼念顧頡剛先生〉，《歷史研究》，1981年第2期，頁103。

我國現代的文、史學研究，所以能超越前人，就是因
為在這前面有清人、明人、宋人的研究，宋人之前還
有唐人、南北朝人、漢人的研究，我們都可以吸收攏
來加以改造。古人儘可以存留著錯誤，卻自有後人把
它改正了之後而繼續前進，原則也就無所謂批判繼承
了。章學誠的《文史通義》中有一段話說得很好，他
說：「今人有薄朱氏（熹）之學者，即朱氏之數傳而後
起者也。」又說：「沿其（朱熹）學，一傳而為勉齋（黃
榦）、九峰（蔡沈），再傳而為西山（眞德秀）、鶴山（魏
了翁）、東發（黃震）、厚齋（王應麟），三傳而為仁山（金
履祥）、白雲（許謙），四傳而為潛溪（宋濂）、義烏（王
褘），五傳而為寧人（顧炎武）、百詩（閻若璩），皆服古
通經，學求其是，而非專己守殘，空言性命之流也。」
（《文史通義・朱陸》）這就說明了清人雖然斥罵宋學，
其實清學的根本卻是從宋學中產生出來的，一步走一
步地發展起來的。（頁50）

很顯然地，通過中共三十年，特別是「文革十年」的慘痛
歷史經驗，顧先生和許多其他大陸的學者一樣，已從反傳統轉
變為尊重傳統了。在上引這一段話中，顧先生不僅沒什麼古文、
今文的門戶之見，而且已根本否定了所謂漢學、宋學、清學種

種門戶。我個人尤其感到興趣的是他引章學誠〈朱陸篇〉說明清學乃從宋學內部發展而來。這正和我多年來所強調的「內在理路」之說不謀而合。詳細論證請看《論戴震與章學誠》一書和《歷史與思想》中有關諸文，這裡不能涉及了。

顧先生曾公開「反共」

最後我想說一說顧先生晚年的思想傾向的問題。陶希聖先生曾用《史記》「左，左乃陷大澤中」的神來之筆描寫顧先生1949年前後的心態。陶先生並暗示顧先生可能受了其年輕夫人的影響而左傾。這件事的經過我完全不清楚，不敢贊一辭。不過據王公嶼先生的大作，則至少顧夫人並未曾左傾；顧先生也可能是由於其他個人的原因而在上海留了下來。最近一位從大陸來訪並和顧先生十分有交情的文史界前輩親口告訴我，顧先生1950年以後不但未表現任何左傾，而且曾有公開的「反共」言論。（這位前輩已返大陸，所以我不能引述他的名字。）因此我相信陶先生「左陷大澤中」的說法不免略有政治過敏之嫌。1949年前後，中國知識分子「左陷大澤中」者頗不乏其人，不過顧先生恐怕未必在其中耳。當時留在大陸的第一流文史學者甚多，其中如陳寅恪、湯用彤、顧頡剛諸先生都與現實政治無直接的關係。抗戰勝利不過四年而中國重遭劫難，以致無數學者從此失去了潛心研究的機緣。今天回顧那一段往事，似乎也

不便把一切責任都推到中共身上。「物必先腐，而後蟲生」，
中共何以竟能席捲全國？中國知識分子何以竟都愚蠢到「陷大
澤中」？誰實爲之？孰令致之？從歷史的觀點看，這仍是值得
我們深切反省的！

後記

　　這本小書是為《顧頡剛日記》所寫的序言，因為篇幅較長，特別商得聯經出版事業公司的同意，另印單行本，以便讀者。1981年4月7日我曾寫〈顧頡剛、洪業與中國現代史學〉一文，發表在4月25日的《聯合報》副刊上，悼念顧、洪兩位同時逝世的史學家。同年7月15日因答覆讀者的質詢，又增寫了一篇〈顧頡剛的史學與思想補論〉；這兩篇文字與這篇長序的重點不同，恰可互相補充，所以我收在這裡，作為附錄。〈補論〉中提到的「一位文史界前輩」，當時不便公開他的姓名。今天我可以公開說出，他便是沈從文先生。沈先生當時旅居耶魯大學附近的親戚家中，我們偶有過從。他那溫文儒雅的風範，令我至今不忘。現在沈先生也下世多年，特附識數語，以示追念之意。

英時記

余英時文集7

未盡的才情：從《顧頡剛日記》看顧頡剛的內心世界

2023年1月三版　　　　　　　　　　　定價：平裝新臺幣320元
有著作權・翻印必究　　　　　　　　　　　精裝新臺幣550元
Printed in Taiwan.

著　　　者	余	英		時
總 策 劃	林	載		爵
總 編 輯	涂	豐		恩
副 總 編 輯	陳	逸		華
叢 書 主 編	方	清		河
校　　對	方			策
封 面 設 計	莊	謹		銘

出　　版　　者	聯經出版事業股份有限公司	總 經 理	陳	芝		宇
地　　　址	新北市汐止區大同路一段369號1樓	社　　長	羅	國		俊
叢 書 主 編 電 話	(0 2) 8 6 9 2 5 5 8 8 轉 5 3 1 0	發 行 人	林	載		爵
台 北 聯 經 書 房	台 北 市 新 生 南 路 三 段 9 4 號					
電　　　話	(0 2) 2 3 6 2 0 3 0 8					
台 中 辦 事 處 電 話	(0 4) 2 2 3 1 2 0 2 3					
台 中 電 子 信 箱	e-mail:linking2@ms42.hinet.net					
暨 門 市 電 話	(0 4) 2 2 3 1 2 0 2 3					
郵 政 劃 撥 帳 戶	第 0 1 0 0 5 5 9 - 3 號					
郵 撥 電 話	(0 2) 2 3 6 2 0 3 0 8					
印　　刷　　者	世 和 印 製 企 業 有 限 公 司					
總　　經　　銷	聯 合 發 行 股 份 有 限 公 司					
發　　行　　所	新北市新店區寶橋路235巷6弄6號					
電　　　話	(0 2) 2 9 1 7 8 0 2 2					

行政院新聞局出版事業登記證局版臺業字第0130號

本書如有缺頁，破損，倒裝請寄回台北聯經書房更換。
聯經網址 http://www.linkingbooks.com.tw
電子信箱 e-mail:linking@udngroup.com

ISBN　978-957-08-6721-3 (平裝)
ISBN　978-957-08-6722-0 (精裝)

國家圖書館出版品預行編目資料

未盡的才情：從《顧頡剛日記》看顧頡剛的內心世界 /
余英時著 . 三版 . 新北市 . 聯經 . 2023.01 . 196面 . 14.8×21公分 .
ISBN　978-957-08-6721-3（平裝）
ISBN　978-957-08-6722-0（精裝）
［2023年1月三版］

　1.CST:顧頡剛　2.CST:傳記

782.887　　　　　　　　　　　　　　　111021632